DISPARUES DE L'YONNE

La huitième victime

Jacques PRADEL et Stéphane MUNKA

DISPARUES DE L'YONNE

La huitième victime

L'enquête de « Perdu de vue »

Michel LAFON

OUVRAGES DE J. PRADEL

Paroles d'espion, document, éditions Mercure de France, 1981.
Haïti, la République des morts vivants (avec Jean-Yves Casgha), document, éditions du Rocher, 1983.
Cent questions à ma pédiatre, entretiens avec le Dr Edwige Antier, éditions de L'Instant, 1985.
Le Guide Contact, éditions de L'Instant, 1986.
Les Reportages de l'Histoire, 16 livres-cassettes audio, Nathan, 1988.
Les Reportages de l'aventure, 5 livres-cassettes audio, Nathan, 1989.
Perdu de vue, tome I (avec Jean-Marie Perthuis), éditions Jean-Claude Lattès, 1992 ; Le Livre de Poche, 1997.
Perdu de vue, tome II : *Les Grandes Énigmes* (avec Jean-Marie Perthuis), éditions Jean-Claude Lattès, 1995.
Y a pas de justice (avec Patrick Meney), document, éditions Ramsay, 1997.
L'intégrale du *Mythe de Sisyphe* d'Albert Camus, lu par Jacques Pradel, triple CD audio, éditions Frémeaux et associés, 2000-2001.

7-13, boulevard Paul-Émile Victor - Île de la Jatte
92521 Neuilly-sur-Seine Cedex

– Avertissement –

Cette affaire a été vécue par Jacques Pradel et par Stéphane Munka bien avant que la justice ne s'y intéresse. Tous deux, à leur manière, ont contribué à l'élucidation d'une des plus grandes enquêtes criminelles de ces dernières années.

Le premier, célèbre présentateur de télévision, a mobilisé l'opinion publique, coordonné les recherches et incarné cette démarche à l'écran. Le second, journaliste de l'ombre, a vécu près de dix mois d'enquête sur le terrain. Leurs témoignages sont écrits à tour de rôle.

Cet ouvrage, rédigé après le jugement rendu par la cour d'assises d'Auxerre le 26 novembre 2004, contient des révélations journalistiques qui ne remettent cependant pas en cause l'instruction ni le jugement.

– Avant-propos –

INTIME CONVICTION

En 1995, le hasard d'une lettre envoyée, telle une bouteille à la mer, à la rédaction de l'émission de TF1 « Perdu de vue », allait plonger notre équipe au cœur d'une des plus grandes affaires criminelles de la fin du siècle. Sans cette lettre, pas d'enquête. Sans enquête de notre part, les sept « disparues de l'Yonne » seraient restées aussi anonymes dans la mort qu'au cours de leur existence chaotique d'enfants « différents », livrées aux institutions spécialisées, pour lesquelles elles n'avaient été qu'un numéro parmi ceux d'autres accidentés de la vie.

Cette lettre était un appel au secours, un SOS, lancé par le vice-président de l'Association de défense des handicapés de l'Yonne. À l'époque, ni la Ddass, ni les représentants de la justice locale, ni la gendarmerie, ni la police ne se souciaient de la disparition inquiétante de plusieurs jeunes femmes, dont on était pourtant sans nouvelles depuis de nombreuses années. Pire, lorsque l'association tentera en 1996, sur notre conseil, de contacter un avocat du département afin de déposer officiellement une plainte au tribunal d'Auxerre, elle n'en trouvera aucun parmi les trois sollicités pour accepter de prendre en charge leur dossier. Fugues, rumeurs irresponsables, vengeance, volonté malsaine d'impliquer des « notables » locaux, tous les arguments de ce genre ont été utilisés pour marginaliser la démarche citoyenne de l'association dirigée par Pierre Monnoir.

L'équipe de « Perdu de vue » a donc mené l'enquête. Nous sommes arrivés à la certitude que sept anciennes pensionnaires handicapées mentales des institutions spécialisées de l'Yonne (et non quatre) s'étaient littéralement volatilisées en quelques années. Nous avons retrouvé les familles, ainsi que des photos qui ont permis de mettre un visage sur les noms de ces jeunes femmes victimes d'un destin tragique. Patiemment, nous avons reconstitué leur histoire. Quatre émissions, chacune suivie par près de huit millions de téléspectateurs, ont été diffusées au cours de l'année 1996. Elles ont ébranlé l'opinion, mais pas les institutions. Une plainte pour enlèvement et séquestration arbitraire a été déposée devant le parquet d'Auxerre par Me Pierre Gonzalez de Gaspard. Mais elle a été rejetée et il a fallu une démarche en appel auprès de la juridiction parisienne pour qu'enfin une information judiciaire puisse être officiellement ouverte... en 1997 !

Entre-temps, le parquet d'Auxerre, qui avait pris la décision de ne pas poursuivre, avait fixé pour les familles des disparues qui voulaient porter plainte le dépôt d'une caution financière de 5 000 francs chacune ! Une somme presque impossible à réunir pour des familles parfois pauvres, sans autres ressources que les aides de l'état. Une entrave légale, mais tellement injuste, opposée à de simples justiciables qui ne voulaient pas baisser les bras.

Notre enquête nous a permis de rencontrer de nombreux protagonistes de l'affaire malgré l'opposition systématique de tous les responsables « officiels ». Nous avons pu ainsi avoir connaissance du rapport de synthèse du gendarme Jambert, et mettre en évidence le faisceau concordant d'événements qui désignaient Émile Louis comme un témoin particulièrement important. Un homme par ailleurs déjà condamné, à plusieurs reprises, pour des actes d'attouchement sexuel sur des enfants mineurs confiés à la garde de sa concubine, Mme Binoche, ou des voisins. Le respect de la loi sur la présomption d'innocence ne nous autorisait pas à le désigner publiquement et nous n'avons jamais confondu notre rôle de journalistes avec celui d'enquêteurs privés, comme on a bien voulu nous en accuser à l'époque pour décrédibiliser notre travail.

Ce livre est donc le récit de l'enquête de terrain menée par Stéphane Munka. Il raconte aussi ce qui s'est passé dans les coulisses de l'émission pendant les nombreux mois au cours desquels s'est forgée notre « intime conviction ». La certitude que ces crimes restés sans cadavres jusqu'aux aveux controversés d'Émile Louis méritaient mieux que l'indifférence générale, voire l'agressivité de représentants de l'État à notre égard, et que la vérité finirait par s'imposer.

Nous avons également l'intime conviction que le gendarme Jambert, décédé durant l'été 1997, est bien la huitième victime de cette affaire hors du commun. Qu'il se soit suicidé ou qu'il ait été « éliminé », l'homme qui avait mené l'enquête depuis la fin des années soixante-dix et désigné Émile Louis comme le présumé responsable des enlèvements, des séquestrations et des crimes commis contre ces jeunes femmes, n'a jamais pu comprendre ni admettre que son travail soit à ce point bafoué par les institutions qu'il servait. Il ne nous appartient pas de dire s'il a été assassiné. En revanche nous devons lui rendre le rôle clé qu'il a joué, en enquêteur exemplaire, tout au long de ces années de plomb où la vérité a été enterrée sans état d'âme par ceux dont la fonction était précisément de la mettre en lumière.

Certains s'étonneront peut-être que nous ayons attendu si longtemps pour exprimer publiquement notre sentiment sur l'affaire des disparues de l'Yonne.

La raison en est simple : nous voulions attendre que la vérité judiciaire se fasse jour au cours du procès intenté à Émile Louis. Nous ne voulions pas peser sur les débats, ni sortir de notre rôle, celui de témoins privilégiés d'une affaire hors norme. Notre ambition n'est pas, et n'a jamais été, d'interférer avec les enquêtes de la police ou de la justice. Tout au long des sept années d'existence de l'émission « Perdu de vue », nous avons été simplement du côté des gens, du côté de ceux qui souffraient du peu de considération que la société leur portait. Après « Perdu de vue » et « Témoin n° 1 », et malgré les nombreuses polémiques qui nous ont accompagnés pendant toutes ces années, nous avons la satisfaction de constater que beaucoup de choses ont évolué dans le bon sens : plus de considération pour les victimes, une vraie prise de conscience du caractère inquiétant de certaines disparitions et de la nécessité d'enquêter le plus rapidement possible, dès la connaissance des faits. Désormais, on ne peut plus ranger une disparition au rayon si pratique de simple fugue sous prétexte qu'une personne adulte a bien le droit de disparaître sans rendre de comptes. Nous pensons avoir contribué, avec d'autres, à cette évolution positive de la société et nous nous en félicitons. De même, l'existence du fichier des empreintes génétiques, qui tend à se banaliser, permettra peut-être enfin d'empêcher certains criminels de multiplier les victimes comme par le passé.

Nous espérons que ce récit, publié dans le seul but d'éclairer certains aspects d'une affaire criminelle qui aurait pu rester dans les oubliettes d'un système judiciaire faillible, contribuera dans l'avenir à mobiliser l'énergie de tous au service d'une justice plus équitable.

Jacques PRADEL

PREMIÈRE PARTIE

VÉRITÉ JUDICIAIRE ET QUESTIONS EN SUSPENS

– I –

LE PROCÈS

Stéphane Munka : La Bête de l'Yonne

Ce 26 novembre 2004, le prévenu Émile Louis regagne le box des accusés du tribunal de grande instance d'Auxerre à 19 h 30. Il est accompagné, comme chaque jour, par la cohorte de policiers qui assurent son convoyage entre la prison et le palais de justice. Il est vêtu d'un simple pull. Des rides profondes marquent son front court et soulignent son air obstiné. Ses cheveux ont blanchi. Il a vieilli. Il va bientôt entrer dans sa soixante et onzième année. Les témoins ont bien du mal à comprendre comment ce visage ovale et plat, ces petits yeux saillants et ce menton proéminent ont pu séduire par le passé. Il y eut pourtant une période de sa vie où Émile fut un jeune homme tout à fait acceptable... C'était il y a bien longtemps.

Aujourd'hui, campé sur ses courtes jambes couronnées d'un confortable tour de taille, il se tient debout, dans l'attente du verdict.

À l'énoncé de sa condamnation, prison à perpétuité, assortie d'une peine de sûreté de dix-huit ans, le regard du tueur en série ne vacille pas, comme s'il s'agissait d'une décision attendue mais injuste. Émile Louis a vécu les quatre semaines de ce procès en dilettante, l'air de celui qui ne s'implique pas. Il semble indifférent, à moins qu'il ait simplement besoin d'un peu de temps pour comprendre et digérer l'information. Très vite, il se penche vers ses avocats, le Parisien Alain Freitag et l'Auxerrois Alain Thuault, et d'aucuns croient savoir qu'il leur a glissé à l'oreille : « On fait appel. » Le lundi suivant, par la voix des deux défenseurs, la nouvelle sera confirmée. Émile Louis regagne maintenant sa cellule de la prison d'Auxerre où – à défaut de rejoindre celle d'un monastère selon son désir, pour, dit-il, « se retirer du monde » – il retrouvera son unique plaisir, la dégustation du cigarillo quotidien qu'il aime tant.

Voilà quatre semaines que le procès d'un des présumés plus terribles tueurs en série français a commencé. Une durée exceptionnelle pour des faits exceptionnels, les assassinats de sept jeunes filles, toutes handicapées mentales et pupilles de la Ddass, commis entre 1975 et 1979, dans la région d'Auxerre.

Un fait divers hors norme : sept années d'instruction, près d'un millier d'auditions, et quatre-vingt-dix témoins cités à la barre pour retracer l'itinéraire meurtrier d'Émile Louis. Le prévenu aura été peu convaincant, malgré ses dénégations véhémentes. Comment le croire innocent quand l'expert psychologue Philippe Corval le décrit comme « un homme qui appartient au monde animal en prise aux éléments naturels » ? Le président Getty l'interroge :

– C'est une bête ?

L'expert répond :

– Non. Mais il n'y a aucun soin possible. Au niveau d'alerte, on est à dix sur dix.

Il y eut durant ces quatre semaines de nombreux moments d'émotion. On peut se souvenir de ces quatre magistrats en poste à Auxerre pendant les années quatre-vingt et quatre-vingt-dix, qui vinrent témoigner, pour certains, à contre-cœur. René Meyer, l'ancien procureur, mais aussi le juge d'instruction Jacques Bourguignon, les substituts Daniel Stilinovic et Bertrand Daillie, ont d'abord fait la sourde oreille aux convocations. Décidé à faire respecter ses décisions, le président Jean-Pierre Getty a dû clairement faire savoir qu'ils viendraient, si besoin, « témoigner par la contrainte ». Au final, les magistrats s'en sont bien sortis, innocentés de toute faute professionnelle même si la légèreté de leur attitude a été soulignée au cours de débats parfois vifs.

Il y eut aussi cette confrontation très attendue entre Émile Louis et sa fille aînée, Maryline Vinet. Voilà cinq ans, à la mort de sa mère, Maryline a livré à la justice un témoignage explosif. Elle a dénoncé les viols que son père lui aurait fait subir, mais aussi un meurtre qu'il aurait commis sur une jeune fille en 1969, devant ses yeux d'enfant. Ce témoignage controversé, qui risquait d'affaiblir toute l'accusation, a pourtant permis à Maryline de faire dire à sa sœur cadette Manoelle, témoin à décharge, qu'elle avait été frappée d'énurésie jusqu'à un âge avancé, ce qui prouvait ainsi que leur enfance n'avait pas été aussi rose que la cadette le prétendait. Ces détails sordides et d'autres témoignages ont rappelé que ce procès a été aussi celui d'une certaine misère morale et matérielle. L'aspect très populaire de nombreux témoins et parties civiles, venant de milieux défavorisés, les tenues de mauvais goût, le français hésitant de certains, ont été beaucoup moqués en off, comme on dit. Les robes transparentes d'une des sœurs des disparues, apprêtée « pour les télés », ont été vivement critiquées. C'est précisément dans ce milieu peu argenté et mal informé de ses droits qu'Émile Louis rabattait ses victimes. L'important est qu'elles aient enfin, et contre toute attente, été entendues. Et Émile Louis a été reconnu coupable.

*
**

À l'énoncé du verdict, la salle, rapidement évacuée, est sous le coup d'une forte émotion. Des cris de stupeur sortent de la foule anonyme, des interjections vengeresses soulignent qu'Émile Louis a eu ce qu'il méritait... Parmi les proches du dossier, chacun a reçu l'annonce de la condamnation en plein cœur. Pour Jacques Moreau, témoin de la première heure, cette victoire est celle de son ami disparu Christian Jambert, le gendarme qui, vingt ans plus tôt, avait tout découvert mais qu'on n'avait pas cru.

Les familles des victimes restent un temps interdites devant la confirmation judiciaire des assassinats, tandis que les avocats de la partie civile n'osent exprimer qu'un léger sourire de satisfaction, en attendant que le président de la cour d'assises Jean-Pierre Getty se retire. Pierre Monnoir, celui qui s'est inlassablement battu pour que la vérité éclate, assailli par les journalistes, est pris d'un malaise. Le colosse, néanmoins, se relève. Les années de combat mené dans l'indifférence – et parfois la calomnie – viennent de trouver enfin leur aboutissement !

Jacques Pradel : un étrange malaise

C'est le sentiment qui nous gagne à l'issue du procès. À l'occasion de certaines grandes affaires criminelles, il arrive parfois que la presse, dans la grande tradition anglo-saxonne, s'entête à exercer une sorte de « droit de suite » et finisse par prouver d'ailleurs, de temps en temps, l'innocence du condamné. L'ombre de l'erreur judiciaire plane parfois dans les prétoires après l'énoncé du verdict. Il y a quelques années, un condamné américain, pensionnaire du fameux « couloir de la mort », a dû son salut à de jeunes journalistes encore à l'école, qui ont réussi à prouver son innocence.

Nous voilà aujourd'hui dans la position plus rare de ceux qui ont contribué à tenter de confondre un coupable et aussi à bousculer le destin de six familles (les Marlot, les Renault, les Lemoine, les Dejust, les Weis et les Gras). L'inertie de la justice les avait d'abord, en quelque sorte, condamnées à espérer – sans y croire vraiment – le retour de leurs enfants, Chantal, Bernadette, Françoise, Christine, Madeleine, Jacqueline et Martine.

Dès le début des investigations de notre équipe de journalistes de télévision, sans lesquels l'affaire serait restée dans les oubliettes du département de l'Yonne, nous avons été aux côtés des familles des disparues, et nous ne les avons jamais trahies. Mais nous ne nous félicitons pas outre mesure d'avoir réalisé ce « bon coup », comme on dit dans le jargon de notre métier. Nous aurions largement préféré contribuer à prouver que toutes les disparues étaient encore en vie.

Il aura fallu quatre semaines de procès pour qu'une juridiction se prononce et déclare qu'Émile Louis a agi seul, que sept jeunes filles, handicapées mentales, de l'Assistance publique, ont péri de sa main, et que les institutions, Ddass, associations de handicapés et justice, ont fait preuve de légèreté ou d'indifférence, mais pas de connivence. Il faudra aussi retenir que le présumé [1] coupable n'a pas avoué ou, du moins, est revenu sur ses premiers aveux. Et qu'il s'est enfermé dans cette attitude.

Tous ceux qui ont suivi le procès ont espéré qu'il se montrerait plus réceptif, plus sensible à la détresse des familles des victimes. Les proches auraient tant voulu connaître les derniers détails de la vie de ces êtres aimés. Cette vérité ne sera jamais connue.

On repense aujourd'hui aux débats, aux instants d'émotion intense où le procès aurait pu basculer en faveur de *la* vérité. Il y a eu Pierre Monnoir à la barre, le lundi 8 novembre (une semaine après l'ouverture des débats), qui, s'adressant directement à Émile Louis, lui demandait « d'avouer pour ne pas rester un éternel bâtard ». Il tentait ainsi de remettre Émile Louis sur le

1. Ce terme, qui peut étonner le lecteur, s'impose dans la mesure où Émile Louis a fait appel de la condamnation du 26 novembre 2004 et reste donc à ce jour, au regard de la loi française, présumé innocent.

chemin de son honneur perdu. « Pendant quelques secondes, j'ai cru qu'il allait parler », nous dira plus tard Pierre Monnoir. Mais le prévenu s'est rebiffé, a repris du poil de la bête, et a continué à clamer qu'il était innocent...

Un autre combattant pugnace a été l'avocat général Philippe Bilger, insatiable chasseur de vérité qui a utilisé toutes les tactiques possibles afin d'obtenir ces fameux aveux. Ils ne sont pas venus ! Personne n'a pu trouver la faille dans le système de défense d'Émile Louis.

Des affrontements et du comportement des avocats d'Émile Louis face à la cour et aux jurés, on ne peut retenir qu'un système de défense basé sur l'espoir de voir leur client relaxé faute de preuves objectives tangibles. Me Freitag et Me Thuault se sont également longtemps accrochés à leur espoir d'obtenir l'annulation de toute la procédure en revenant sur l'argument du délai de prescription qui ne permet pas de juger un crime au-delà de la période de dix ans. Cet argument avait été pourtant rejeté par une décision antérieure de justice qu'ils ont tenté de remettre en cause, sans succès. Mais qui reprocherait à des avocats de la défense d'utiliser tous les moyens pour tenter de fléchir un jury ?

Rappelons que la plainte constituée qui a mené finalement Émile Louis devant la cour d'assises reposait sur l'accusation d'enlèvement et de séquestration arbitraire qui, elle, était parfaitement recevable.

Finalement les deux avocats ont trouvé un appui sans faille dans la fidélité de l'accusé au système de défense prévu. Déterminé à nier les faits en bloc, il s'est tenu à cette attitude, même si – les témoins l'ont plusieurs fois ressenti – la vérité lui a parfois brûlé les lèvres. Il sera rejugé en appel dans quelque temps devant la cour d'assises de Paris.

*
**

Malgré le remarquable travail des enquêteurs, malgré l'opiniâtreté des parties civiles, et la combativité de l'avocat général, on peut dire qu'au-delà de cette vérité judiciaire il manque toujours quelques pièces au puzzle sordide du passé criminel d'Émile Louis. La justice, prisonnière de ses règles, n'a pu que les évoquer. Les autres victimes d'Émile Louis sont nombreuses. Au premier rang de celles-ci, nous en sommes persuadés, il faut compter Christian Jambert.

– II –

L'AFFAIRE JAMBERT

Stéphane Munka

Christian Jambert aurait été assassiné ! La nouvelle, relayée par tous les médias, tombe le 1er avril 2004 comme un coup de tonnerre dans un ciel serein. Voilà quelques mois que la justice examine les conditions du décès de l'ancien gendarme d'Auxerre qui, en 1981, avait découvert l'affaire des disparues de l'Yonne et la possible culpabilité d'Émile Louis. Son enquête était restée sans suites judiciaires. Le 4 août 1997, la dépouille de Christian Jambert a été trouvée dans le garage de sa maison par son fils. On découvre un mot, rédigé à l'encre rouge, destiné à sa fille : « Pour les assurances vie, il y a suicide mais je suis malade donc ça doit être bon. Pardon, Isabelle chérie. Papa. » Le lendemain, le procureur de la république d'Auxerre,

Jacques Cazals, classe le décès sans suite, et surtout sans procéder à aucune autopsie.

Sept ans plus tard, le 31 mars 2004, sur réquisition d'un juge d'instruction du tribunal d'Auxerre, le médecin Dominique Lecomte, de l'Institut médico-légal de Paris, procède à un premier examen du corps. Elle décèle deux trajectoires de balles qu'elle qualifie de « létales », c'est-à-dire mortelles, dans la calotte crânienne de Christian Jambert. Pour beaucoup, après cette expertise, l'hypothèse du suicide ne tient plus et le meurtre ne fait désormais aucun doute. L'expertise, si elle est confirmée, projette un nouvel éclairage sur la plus grande affaire criminelle qu'ait eu à traiter le gendarme au cours de sa carrière.

Émile Louis, justement, doit être jugé dans quelques mois à Auxerre. « Là, c'est sûr, on ne peut plus parler de suicide », assure Pierre Monnoir à *France-Soir* le 2 avril 2004. Il n'est pas le seul à le penser. Dominique Perben, le garde des Sceaux, organise le 8 avril une conférence de presse en compagnie des deux enfants Jambert et de leurs conseils. Après les déclarations officielles, le ministre aurait glissé en privé à quelques journalistes : « Entre nous, c'est un meurtre. »

Ainsi, Christian Jambert devient la dernière et huitième victime du dossier des disparues de l'Yonne. Nous recevons la nouvelle du meurtre en plein cœur, comme un désaveu. S'il se confirme que Jambert a bien été assassiné, c'est sans aucun doute qu'il y a eu complot. Qu'avons-nous raté pour ne pas avoir su déceler cela ? Depuis quelques années, nous ne jetions plus qu'un regard épisodique sur l'affaire qui nous avait tant passionnés en 1996, lorsque nous travaillions au sein de l'émission « Perdu de vue » à retracer les itinéraires de sept jeunes filles disparues, avant de soupçonner un chauffeur de car de la région d'être l'auteur de leurs assassinats. Comme Jambert, nous avions le sentiment que l'essentiel était maintenant connu, et attendions, sereins, le procès d'assises qui devait logiquement conclure à la culpabilité d'Émile Louis.

Mais l'éventualité d'un meurtre de Christian Jambert remet sur le devant de la scène les théories contre lesquelles nous nous étions battus : celles du complot, des hypothétiques complicités d'Émile Louis, ou au contraire son rôle de bouc émissaire. Faut-il croire l'avocat icaunais d'Émile Louis, Me Thuault, que nous avons interviewé début avril 2004, lorsqu'il affirme : « L'assassinat de Christian Jambert ne fait aucun doute. Appelé à témoigner auprès du juge d'instruction dans le cadre de l'affaire des disparues d'Auxerre, l'ancien gendarme s'apprêtait à faire des révélations fracassantes innocentant Émile Louis. On l'aura fait taire » ?

***

L'heure était venue de nous remettre en question. S'il y a eu meurtre, et même si celui-ci n'avait en fin de compte rien à voir avec l'affaire des disparues de l'Yonne, cela signifiait que tout ou partie de la vérité nous avait échappé. Il nous fallait par conséquent réaliser un travail d'inventaire et revisiter notre enquête pour y déceler éventuellement les éléments qui auraient dû nous mettre la puce à l'oreille. Nous devions donc remettre de l'ordre dans des centaines de pages de notes, relire nos dossiers, et aussi revoir de nombreux témoins de l'époque.

Le récit qui va suivre est celui de notre propre enquête, qui a duré près d'une année, entre 1995 et 1996, avant que nous ne la réactivions aujourd'hui. Une enquête qui nous marquera à jamais.

DEUXIÈME PARTIE

L'ENQUÊTE DE « PERDU DE VUE »

– I –

AVANT L'ANTENNE : LES PREMIÈRES RECHERCHES

Jacques Pradel : l'émission de la dernière chance

L'émission « Perdu de vue » est née sur TF1, le 17 septembre 1990, vers 23 heures, en deuxième partie de soirée. Ce fut le coup d'envoi d'une étrange aventure qui allait, en quelques années, sept au total, faire de cette émission un véritable phénomène de société réunissant de huit à onze millions de spectateurs chaque mois. Du jamais vu dans le domaine des magazines à la télévision.

L'ambition de notre équipe, qui réunissait une dizaine de collaborateurs dirigés par Jean-Marie Perthuis, était de répondre aux demandes qui nous étaient adressées par courrier. La plupart du temps, il s'agissait de retrouver un être cher qui n'avait pas donné de ses nouvelles depuis longtemps, ou qui avait disparu dans des circonstances plus ou moins dramatiques, à la suite d'un conflit familial, ou encore au cours d'événements historiques (guerre, cataclysme naturel ou fait divers majeur). D'une manière générale, le courrier de l'émission reflétait aussi l'ensemble des évolutions de la société française avec son cortège de divorces, de familles éclatées ou recomposées, d'enfants adoptés ou nés « sous X » qui voulaient retrouver leurs racines par tous les moyens. Beaucoup de demandes concernaient aussi des pères, des mères, des cousins qui avaient choisi un jour de s'expatrier pour chercher fortune à l'étranger et qui ne s'étaient plus jamais manifestés. Autre phénomène de société qui bouleversait les familles sollicitant notre aide : les fugues de mineurs ou les disparitions subites et inquiétantes de personnes adultes ; les autorités policières et judiciaires refusaient de les prendre au sérieux sous prétexte que 90 % des mineurs étaient retrouvés dans les trois mois et que les personnes adultes avaient parfaitement le droit de déguerpir sans laisser d'adresse, si telle était leur volonté ! À cette époque, il y a moins de quinze ans, les pédophiles ne faisaient pas encore la « une » de l'actualité, l'affaire Dutroux n'avait pas éclaté, les institutions n'avaient pas de réponse à donner face à l'angoisse créée dans une famille par l'absence inexpliquée de l'un de ses membres.

C'est ainsi que « Perdu de vue » est rapidement devenue l'émission de la dernière chance, celle à qui l'on pouvait s'adresser avant de renoncer à tout espoir. Quant à ceux qui écrivaient ces lettres, et nous suppliaient par milliers chaque mois de tenter l'impossible en leur nom, ils étaient ouvriers, paysans, employés, ingénieurs, médecins ou avocats.

Au-delà de leurs différences sociales ou intellectuelles, ils étaient égaux devant l'espoir, la souffrance ou la joie, lorsque nous réussissions la mission qu'ils nous avaient confiée.

En sept années d'émissions, nous avons reçu près de cent cinquante mille lettres et permis à plus de vingt mille personnes de se « retrouver » !

L'affaire des disparues de l'Yonne est arrivée à notre connaissance en septembre 1995, alors que les audiences de l'émission flirtaient chaque mois avec les dix millions de spectateurs. Nous recevions alors près de trois mille lettres par mois. Car je faisais bien savoir à l'antenne qu'aucune demande ne serait traitée par téléphone...

Stéphane Munka : un appel insistant

Rien, donc, ne se décidait au téléphone. Mais c'était mal connaître Pierre Monnoir.

Au sein de la rédaction de « Perdu de vue », les rôles comme les séquences de l'émission étaient équitablement répartis : Stéphane C. s'occupait des « fugues de mineurs », Patricia des « retrouvailles », Jean-Pierre des disparitions inquiétantes, regroupées sous l'appellation « Es-tu toujours vivant ? ». Sept journalistes pour les sept parties de l'émission.

J'étais surnuméraire. J'avais dû mon embauche à un renforcement de la rédaction, à un moment où l'émission comptait tellement de téléspectateurs que les demandes de recherches diverses ne cessaient d'augmenter. « Perdu de vue » avait donc décidé de renforcer son équipe. Six mois après, j'étais définitivement embauché, j'intégrais officiellement la rédaction, sans attribution spécifique, avec par conséquent toute la liberté de développer les sujets qui m'intéressaient. C'est ainsi que j'avais fait mes premières armes dans l'équipe en travaillant sur des affaires de kidnapping légal d'enfants entre la France et l'Égypte, mais aussi sur l'enlèvement par les Khmers rouges de Jean-Michel Braquet, l'arrestation de deux Français au Guatemala pour un meurtre qu'ils niaient avoir commis, l'incarcération au secret d'un pilote français au Nigeria... Je quittais le plus souvent possible le bureau, je voyageais, j'expérimentais, je recherchais. Ce que je préférais, c'était ce qui se trouvait à la frange, à la limite de la promesse de l'émission : disparu, d'accord, mais pourquoi, pour qui ? La ligne de conduite m'avait été donnée par Jacques Pradel lui-même, au tout début de mon stage. La star de la télévision s'était enfermée près d'une heure avec moi pour décrypter les tenants et aboutissants de l'émission, guider mes premiers pas, vanter la curiosité, indispensable dans ce métier, comme la nécessité de se renouveler. Ce que j'avais surtout retenu de cet entretien, c'était qu'il fallait savoir raconter, mais surtout écouter, si on voulait faire quelque chose dans ce métier. Restait à appliquer...

Pour en revenir aux disparues de l'Yonne, l'affaire a démarré le jour où Laurence, chargée de production de l'émission, me passe l'appel téléphonique d'un certain Pierre Monnoir. Nous sommes le 11 septembre 1995, le travail a repris depuis un mois mais aucun de mes sujets n'est encore prêt pour l'antenne. Désœuvré, j'attends que le courrier apporte une de ces affaires biscornues que j'affectionne tant. Si Laurence ne fait pas barrage à l'appel de Pierre Monnoir, c'est parce qu'il a signalé avoir déjà écrit un courrier – il s'agissait en réalité d'une copie de la lettre ouverte qu'il avait lue, quelques mois plus tôt, lors de l'émission de RTL « Les auditeurs ont la parole » –, une lettre sans doute non retenue par notre comité de lecture. Il y faisait état de dysfonctionnements dans l'accompagnement des handicapés par des institutions de l'Yonne, et rappelait les affaires de mœurs ayant entaché la réputation de certaines personnalités haut placées de son département. Une histoire un peu « tordue » qu'il faudrait soigneusement vérifier. ça ressemble à un dossier pour moi. Laurence me transfère donc l'appel. À moi de voir si notre émission doit ou non relayer sa demande à l'antenne.

*
**

Ce 11 septembre 1995, Pierre Monnoir me propose, dès le début de notre conversation téléphonique, de venir immédiatement nous expliquer son affaire. Il se trouve exceptionnellement à Paris, et nous n'aurions pas le cœur de lui refuser une entrevue. Je lui donne mon accord, je l'attends. En réalité, il me l'avouera des années plus tard, il appelait de chez lui, en province ! Mais comme il avait une après-midi de libre, il avait pris aussitôt sa voiture pour rejoindre Paris. Une heure plus tard, il arrive à l'accueil de l'immeuble Le Levant à Boulogne-Billancourt, l'annexe de TF1 où se trouvent nos bureaux. Il y avait, près de l'entrée, une petite pièce meublée d'une table basse et de trois canapés, que nous utilisions quand nous ne recevions pas officiellement. Car seuls ceux qui y étaient invités par le producteur Jean-Marie Perthuis passaient les portes de la rédaction. Les autres avaient droit aux canapés. C'était une sorte de no man's land, une zone de transition pour affaires boiteuses, « un lieu à dingues », comme nous l'appelions. S'y retrouvaient ceux qui voulaient passer à la télé pour obtenir leur quart d'heure de célébrité, ceux que leurs femmes avaient quittés et qui pensaient naïvement pouvoir les convaincre de revenir en leur lançant un appel public, ceux qui insistaient trop pour être honnêtes et qui voulaient nous utiliser à leur profit... Tous ceux-la connaissaient les honneurs des canapés de l'accueil ! C'était souvent mon rôle de les recevoir. J'y ai appris à dire « non », partagé entre l'envie d'aider les désespérés et la nécessité de ne retenir que des histoires « fortes », à la hauteur d'une émission de télévision aussi regardée. Ce jour-là, c'était au tour de Pierre Monnoir de tenter sa chance.

La conversation dure une longue heure. Pierre Monnoir prétend que quatre jeunes filles, handicapées mentales, auraient disparu mystérieusement dans les années soixante-dix. Rien n'est sûr à cent pour cent, mais dans cette région d'Auxerre le milieu de l'aide aux handicapés est particulièrement délétère.

Pour preuve, il me remet un rapport signalant que les handicapés de l'Yonne sont victimes de diverses maltraitances, et me communique d'autres documents concernant des malversations dans la gestion d'instituts spécialisés. « Vous les prenez ? – Oui. »

Au fur et à mesure de la conversation, je prends de nombreuses notes destinées à étayer un éventuel dossier au cas où Jacques et Jean-Marie s'intéresseraient à l'affaire. Voici ce qu'il en ressort.

Pierre Monnoir est un représentant en emballages pour pâtisseries, âgé à l'époque de quarante-deux ans.

Au décès de ses parents, il a pris en charge son frère handicapé mental. Certains s'en seraient tenus au placement et à la visite hebdomadaire. Pas lui, qui a voulu lui offrir le meilleur environnement possible. Dans l'Yonne, où il habite, Pierre a rencontré des gens, s'est renseigné : quelle est la meilleure institution ? Où les déficients mentaux sont-ils le mieux traités, aidés, éveillés ? Quel personnel d'encadrement est-il le plus digne de confiance ? Grâce à sa curiosité, Pierre a appris qu'il avait de la chance : son frère bénéficiait des meilleures thérapeutiques. Il n'en était pas de même pour d'autres. Cela le choque. Mais il ne peut rien faire : la loi du silence régit les institutions. C'est valable dans l'Yonne, c'est valable partout ailleurs. Le système est depuis toujours au bord de l'implosion. Obtenir une place dans un centre d'aide par le travail ou un institut médico-éducatif, en France, n'est pas un droit, mais une faveur. Oser se plaindre de la gestion, d'un mauvais traitement infligé à un frère, un enfant ou un proche, est mal vu. Et l'on vous le fait savoir. « On », ce sont les responsables de certaines institutions.

Les handicapés sont des personnes, mais pour eux, ils représentent surtout une rente délivrée par l'État. Si l'établissement ne vous plaît pas, d'autres s'en contenteront. Il arrive que la menace soit à peine voilée. C'est ainsi que l'omerta s'instaure, que des débordements sont tolérés. Parfois, il ne s'agit que de programmes d'éveil non assurés, de cours supprimés, de chambres bondées. Mais il arrive aussi que ce soit plus grave : abus sexuels et médicaux, en particulier. Des faits de ce genre, l'Association pour les adultes et les jeunes handicapés (Apajh) de l'Yonne en a connu.

On avait demandé à Pierre Monnoir les raisons qui le poussaient encore à s'intéresser à ces institutions malgré tout. « Au décès de mon frère, j'ai eu les mains libres pour commencer le combat », explique-t-il. Sa réponse est aussi simple que directe. Il avait découvert un univers injuste et des pratiques condamnables. Il voulait continuer à les combattre avec d'autres parents de handicapés, même après la mort de son frère. Avec son mètre quatre-vingt-douze et sa tranquille assurance, il voulait juste changer les choses.

Ce combat du pot de terre contre le pot de fer durait depuis trois ans. Dans sa croisade, Pierre avait collecté tous les récits d'affaires troubles, touchant de près ou de loin les handicapés du département de l'Yonne. Parmi celles-ci, des rumeurs de disparitions inexpliquées. Au nom de la morale, Pierre Monnoir voulait nettoyer les institutions. La justice avait, pour la plupart des affaires, déjà fait son œuvre. Certaines affaires avaient été jugées. Mais trop de rumeurs diverses continuaient à courir sur l'encadrement professionnel des déficients mentaux. Par exemple, ces histoires de disparitions racontées sous le manteau. Il s'agirait de jeunes filles qui se seraient volatilisées depuis de nombreuses années sans laisser de trace. Quand il y a blocage ou inertie des services compétents, les médias constituent un bon moyen de faire bouger les choses. Pierre Monnoir avait tenté sa chance près de la radio RTL puis, comme son intervention ne semblait pas avoir d'écho, s'était adressé à « Perdu de vue ». Il espérait ainsi atteindre son objectif premier : rendre publics les dysfonctionnements des institutions afin de les améliorer. Mais comment intéresser « Perdu de vue », si ce n'est par le biais de ces disparitions de jeunes filles, requalifiées en simples fugues par des autorités locales qui refusaient de s'inquiéter outre mesure ?

Il est près de 19 heures lorsque Pierre Monnoir s'arrête de parler. Le problème qui se pose à moi est de trouver, dans son discours, les bases concrètes pour une intervention cohérente de « Perdu de vue ». C'est que le dossier est touffu, pour ne pas dire confus. Il y a bien ces jeunes filles, qui auraient disparu il y a quinze ans. C'est mince, comme point de départ ! Je travaille pour la première chaîne de télévision européenne, sur un programme phare, qui draine des millions et des millions de téléspectateurs, et je vois mal comment passionner les foules avec des histoires aussi anciennes. Je fais de l'auto-censure. L'histoire me donnera tort quelques minutes plus tard. Parce que ce soir-là, ce 11 septembre 1995, mon producteur, Jean-Marie Perthuis est invité à la première du nouveau spectacle de Johnny Hallyday, à Bercy. Au bureau, nous ne sommes plus que deux. C'est toujours un honneur de fréquenter le Pouvoir ! Jean-Marie en a. Jean-Marie le représente pour le journaliste débutant que je suis. Ce soir-là, il doit passer près de chez moi : « Je te dépose ? », me demande-t-il. Pour Jean-Marie, il n'y a jamais eu de temps mort : sitôt sorti du parking, il s'emploie à passer en revue mes dossiers en cours. Il les connaît par cœur, de même que mes retards le matin ou la consommation quotidienne en café de chaque membre de l'équipe. Un pro ! C'était une erreur d'accepter la proposition. Depuis près d'un mois que je n'ai rien fait au bureau, la revue de mes affaires en cours tourne à la lapidation. Pourtant, le ton reste badin, Johnny y est sans doute pour beaucoup. « Et le gars de cet après-midi, c'était quoi ? » me demande-t-il. Il est toujours au courant de tout. Des handicapées, disparues depuis des années, peut-être sans familles... Un gars du coin, qui a entendu des rumeurs, qui aimerait savoir s'il ne s'est rien passé de grave... Question de Jean-Marie : « Il pense à des meurtres ? » Je tiens ma revanche, trop content de pouvoir annoncer un sujet potentiellement fort. Alors, j'entretiens le mystère. Je donne dans la confidence, dans l'énigme : « Y a peut-être anguille sous roche, Jean-Marie... »

Jacques Pradel : une affaire délicate

Des mois plus tard, j'apprendrai que le démarrage d'une des plus grosses affaires jamais abordées par « Perdu de vue » s'est joué sur un coup de frime. Nous examinons ce nouveau dossier, Jean-Marie Perthuis et moi, comme nous le faisons toujours, en passant en revue les points positifs et négatifs de l'histoire. Comment faire la part entre les rumeurs et la réalité des faits ? Pierre Monnoir est-il crédible ? Est-il sincère dans sa démarche ? Y a-t-il une chance, aussi longtemps après, de recueillir des informations concrète sur ces disparitions supposées ? S'agit-il de simples fugues ? Nous parlons de l'aspect éventuellement criminel de l'affaire. Rien ne permet, à ce stade, d'y voir la main d'un tueur. Nous pensons plutôt à un drame de l'indifférence. Qui se préoccupe vraiment de ce qui peut arriver à un handicapé mental dans ce département ? C'est cet aspect qui nous décide, Jean-Marie et moi, à lancer l'enquête.

Nous pensons que les handicapés mentaux méritent plus d'attention que ce qui est réservé aux citoyens « ordinaires ». Parce qu'ils sont faibles, ils doivent être protégés. Ce qui nous séduit également, c'est le côté lutte du « pot de terre contre le pot de fer », incarnée par Pierre Monnoir et les membres de son association locale. On aime bien, à « Perdu de vue », défendre la veuve et l'orphelin ! Reste maintenant à mener vraiment l'enquête sur place, à analyser les documents confiés par Pierre Monnoir et à faire le tri entre les rumeurs et la réalité.

Stéphane Munka : découvertes sordides

Jean-Marie et Jacques ont tranché. On me confie officiellement le suivi de ce nouveau dossier. Il ne sera programmé à l'antenne que lorsque j'aurai réuni des éléments concrets et vérifiés. La balle est dans mon camp.

Le lendemain de ma rencontre avec Pierre, je parcours donc les documents qu'il m'a laissés. Des feuillets mal ronéotypés, des sorties d'imprimante anonymes, relatent diverses affaires de mœurs auxerroises de ces dix dernières années concernant les handicapés. Quelques-unes de ces notes sont étayées par de simples coupures de presse de *L'Yonne Républicaine* ou du *Sénonais Libéré*, les journaux régionaux. Rien sur d'éventuelles disparues, sauf une liste de quatre noms, et le texte de l'intervention de Pierre Monnoir faite quelques mois plus tôt, le 22 mars 1995, sur l'antenne de RTL dans l'émission « Les auditeurs ont la parole ». « Je suis vice-président d'une association de défense des handicapés de l'Yonne, disait Pierre Monnoir (...). Nous avons été informés de violences et manipulations sur des déficients mentaux. Malgré un rapport extrêmement sévère de l'Inspection générale des affaires sanitaires et sociales, une chape de plomb est imposée. Est-ce pour ne pas donner une mauvaise image de notre département et de ce type d'institutions ? Quelles en sont les vraies raisons ? Chacun est en droit de se poser la question ». Plus loin, une référence à l'affaire : « Depuis une dizaine d'années, quatre jeunes filles déficientes mentales ayant transité par cette institution restent portées disparues. »

Parmi les documents de Pierre, une coupure de presse relate le viol de deux filles de la Ddass par un colonel de gendarmerie en retraite, monsieur B. ; un autre dossier concerne des attouchements entre handicapés, un troisième contient des tracts plus ou moins malveillants détaillant la présumée sexualité déviante d'un élu local... Ces écrits ne sont pas l'œuvre de Pierre. Il m'a d'ailleurs précisé clairement qu'il n'était pas dans ses intentions de verser dans la délation. Simplement, c'est la première fois que Pierre a affaire à un journaliste « national », et il a donc décidé de me livrer l'ensemble de ce qu'il sait. À charge pour nous de faire le tri. Trois documents retiennent toute mon attention. Ils ont trait à trois personnes dont je découvre pour la première fois les noms : Émile Louis, Pierre Charrier, et Claude Dunand.

Ce que l'on sait d'Émile Louis tient, à cette époque, en quelques lignes : un chauffeur de car transportant régulièrement des handicapés aurait violé, il y a une quinzaine d'années, des enfants de la Ddass placés sous sa protection. Pas de dossier, pas de détails, juste une feuille dactylographiée. Le lien avec le monde du handicap n'est pas si ténu qu'il en a l'air. Pierre Monnoir m'a expliqué que les handicapés sont très souvent à la charge de la Ddass, et confiés à des familles d'accueil, faute de parents suffisamment solides pour les prendre en charge, car souvent déficients mentaux eux-mêmes ou sans ressources. Le nom d'Émile Louis reviendra bientôt dans l'histoire, chargé d'un sens tout à fait nouveau...

Les coupures de presse relatent aussi « l'affaire d'Appoigny », un fait divers tragique qui remonte à une douzaine d'années. Voici les faits : le vendredi 20 janvier 1984, Huguette M. regagne le domicile de sa mère après trois mois d'absence, à moitié nue, le corps lacéré et brûlé à divers endroits. Elle est très amaigrie. Les services d'urgence sont aussitôt contactés et conduisent la jeune fille à l'hôpital d'Auxerre. L'état d'Huguette est jugé suffisamment préoccupant par les médecins pour que ceux-ci saisissent les services sociaux, qui signaleront à leur tour le cas à la justice. Ils peinent à croire l'histoire que raconte Huguette.

Âgée de dix-huit ans, ancienne pensionnaire du foyer de la Ddass de Montmercy, près d'Auxerre, Huguette a répondu en octobre 1983 à une petite annonce de *L'Yonne Républicaine* : « Cherche jeune fille pour s'occuper d'une dame âgée ». La place à prendre est à

Appoigny, à une dizaine de kilomètres d'Auxerre, chez les Dunand, un couple qui héberge la mère grabataire de Claude, le mari. Mais à peine Huguette prend-elle ses quartiers dans la chambre prévue pour elle que Claude et sa femme Monique l'agressent, la séquestrent au sous-sol de leur pavillon, l'attachent à des chaînes et, trois mois durant, la prostituent. Les séances sont terribles. Le maître de maison et sa femme lui font subir les pires outrages sado-masochistes. La captive doit se plier également aux exigences de clients que, masquée le plus souvent, elle ne peut qu'entendre. Les sévices sont tarifés : deux cents francs les coups de fouet, trois cents pour lui accrocher des tenailles, six cents francs les brûlures de cigarette sur les seins ou le coup de gégène, cinq mille francs la nuit complète sans limites. Dans son souvenir, une trentaine de clients ont ainsi abusé d'elle pendant sa détention. Le plus terrible d'entre eux, qui se faisait appeler Helmut, la « forme » régulièrement à de nouvelles tortures, à de nouveaux supplices. Lorsqu'il n'y a pas de « clients », Huguette peut rester plusieurs jours ligotée, enfermée au secret dans le noir de la cave, avec une auge pour boire et sans rien à manger.

Voilà bientôt trois mois qu'Huguette subit cette vie d'esclave sexuelle. Elle est harassée, démolie, désespérée. De temps en temps, son tortionnaire l'oblige à écrire des cartes postales rassurantes à sa mère, qui seront postées de l'étranger par un complice. Elle y décrit une vie idéale au Liban, près de ses nouveaux protecteurs. Mais Huguette est à bout. Claude Dunand, de son côté, se lasse d'elle. Il a l'intention de la remplacer, et lui joue au chantage une éventuelle « libération ». Si elle l'aide à recruter une nouvelle fille, elle gagnera de l'indépendance, de la tranquillité et, qui sait, peut-être pourra-t-il la revendre à « des gens » moins pervers, moins violents. Par contre, si elle se rebelle, elle « finira comme les autres ». La menace de mort est sans équivoque, Huguette accepte de devenir la complice de Claude. Pour la première fois depuis deux mois et demi, elle voit le soleil, monte en voiture, le cou entouré d'un collier étrangleur attaché à une laisse. Tous deux partent rendre visite à Mickaëlla, une jeune fille de vingt et un ans qui a répondu à une annonce de l'ANPE, semblable à celle parue trois mois plus tôt dans *L'Yonne Républicaine*... Mais pour Mickaëlla, le calvaire durera moins de deux semaines.

Vendredi 20 janvier 1984, en fin d'après-midi, Huguette parvient à se libérer. Deux versions s'affrontent : Monique Dunand affirme avoir été touchée ce jour-là par les suppliques de Mickaëlla et Huguette, et avoir décidé d'en libérer une, la plus ancienne prisonnière, contre la promesse de ne rien révéler de sa séquestration. Cette version, défendue au procès, lui vaudra les circonstances atténuantes. Lorsque les forces de police sont intervenues, trois jours après la fuite d'Huguette, Mickaëlla était détenue dans les mêmes conditions. Le couple Dunand aurait donc cru au pacte de confiance signé ce jour-là entre la femme du tortionnaire et l'ancienne captive. Huguette se souvient pour sa part s'être délivrée seule, ce fameux jour, à la faveur d'un jeu dans ses chaînes qui auraient été plus lâchement serrées que d'habitude, ce qui lui aurait permis d'attraper les clefs. Libérée, elle aurait ensuite cherché à détacher Mickaëlla sans y parvenir, puis aurait pris dans la maison quelques vêtements, des documents, et se serait rendue chez sa mère.

Quoi qu'il en soit, ce n'est que le lundi suivant, le 23 janvier 1984, que le SRPJ de Versailles investit le pavillon de la rue des Violettes à Appoigny. Sous la direction de l'inspecteur Daniel Guérin, les policiers découvrent Mickaëlla. La pauvre fille est enchaînée, une croix gammée est dessinée sur son sein, réalisée avec le tranchant d'une lame de rasoir. L'attirail saisi est impressionnant : des madriers, des fouets, des godemichés cloutés... Paradoxalement, le plus inquiétant sont ces détails qui en d'autres lieux rassureraient : vaseline, gaze hydrophile, sparadraps... Le couple Dunand est immédiatement transféré au dépôt, ainsi que la vieille mère de Claude qui, ironie de l'histoire, habitait réellement chez son fils et avait besoin d'une garde et de soins.

Huguette et Mickaëlla sont aujourd'hui encore terriblement affectées. Claude Dunand, condamné en 1991 à la prison à perpétuité, a été libéré en 2003. Monique, son épouse, condamnée à dix ans de prison, est décédée en 1996. Curieux couple que celui-là, dont le procès aura permis de mieux comprendre le fonctionnement intime.

Mariés depuis la fin des années soixante, Claude et Monique ont toujours été adeptes d'une sexualité hors norme. Clubs échangistes parisiens, partouzes, puis sado-masochisme, Claude se satisfait du partage de sa femme avec des relations, puis avec des inconnus. Parfois, il la prostitue, la pousse vers des hommes portés eux aussi sur le fouet et la torture, et en tire de la jouissance. Au procès, Monique se défendra en arguant avoir été victime de son mari, dira au juge qu'elle a toujours subi la sexualité de Claude. Lui rétorquera que Monique n'a « jamais compris *[sa]* sexualité ». Claude est un personnage difficile à appréhender. Ce représentant en produits surgelés, qui aime avoir sa mère à ses côtés, pousse sans cesse sa femme aux extrêmes. Quand le couple s'installe à Appoigny, en 1979, Monique espère que l'éloignement de la capitale calmera les ardeurs de son mari. C'est le contraire qui se produit.

Abonné à diverses revues spécialisées, Claude prostitue Monique par le biais de petites annonces. Ils en publient chaque mois dans une revue lyonnaise intitulée *Le Club Amour* et se constituent bientôt un réseau de connaissances dans toute la France. Les week-ends sont invariablement occupés à trouver de nouveaux compagnons, de nouvelles perversions. Pendant la semaine, Claude oblige Monique à se prostituer le long de l'artère principale d'Auxerre. Toutes ces passes enrichissent le couple, même si ce n'est pas le but initialement recherché. Mais Monique devient de plus en plus rétive, se plaint de cette vie, veut arrêter de recevoir des coups. Cela a le don d'exaspérer son mari qui, comme tout « dominant », rêve d'une esclave parfaite. L'idée lui vient alors de trouver une fille pour jouer le rôle de doublure. Il cherche une remplaçante. Est-ce la nécessité de ne pas perdre une rente ou la promesse d'excitations nouvelles qui fait passer le couple à l'acte ? Claude prétendra au procès que c'est Monique qui lui a proposé d'enlever une fille. Après le recrutement d'Huguette en tout cas, c'est naturellement au sein du *Club Amour* que Claude propose les faveurs de sa captive. De Lille à Marseille, ils sont près de quatre cents clients potentiels à recevoir la description de la nouvelle recrue. Combien en ont réellement profité ? Dix clients ont été envoyés devant le juge d'instruction, deux seulement ont été jugés.

En lisant le dossier d'Appoigny, cet horrible fait divers me frappe d'autant plus que Pierre Monnoir m'a fait part d'un certain nombre de rumeurs qu'il a recueillies et qui lui ont fait penser, à l'époque, à une affaire plus vaste, un véritable réseau dans lequel pourraient être impliquées d'autres personnes de la région. On prétend, par exemple, qu'un rapport de police fait état de la présence de certains responsables d'institutions spécialisées pour handicapés à proximité de la maison d'Appoigny, Ce rapport aurait disparu par la suite !

Rien ne nous permet de valider comme une information ce qui ressemble fort à une rumeur malveillante de nature à porter tort aux notables de la région. Jacques Pradel et Jean-Marie Perthuis décident de ne pas faire état publiquement des soupçons de collusion entre les protagonistes de l'affaire d'Appoigny et d'éventuelles personnes liées au milieu des éducateurs spécialisés du département. Même s'ils notent au passage qu'Huguette et Mickaëlla sont passées à un moment de leur existence par les institutions que fréquentaient les quatre disparues de l'Yonne. Par contre, d'autres éléments du « dossier Monnoir » les passionnent et ils décident d'enquêter sur les deux personnages cités précédemment, Émile Louis et Pierre Charrier.

Jacques Pradel : Pierre Charrier

Disons tout de suite que sans l'arrestation et le procès de cet éducateur spécialisé, jamais l'affaire des disparues de l'Yonne n'aurait resurgi du passé.

Pierre Charrier est le détonateur d'une bombe qui explosera onze années plus tard, avec les aveux d'Émile Louis. Sans l'acte ignoble dont cet homme « respectable » s'est rendu coupable, jamais Pierre Monnoir et les membres de l'Association de défense des handicapés de l'Yonne, dont il est le vice-président, n'auraient cherché à connaître le sort des jeunes filles disparues.

Que s'est-il passé ?

En 1989, une enquête menée par le SRPJ de Melun aboutit à l'inculpation (on ne disait pas encore « mise en examen ») de Pierre Charrier pour viols répétés et attouchements sur la personne de Nathalie P., une jeune handicapée mentale confiée à l'institution dirigée alors par la femme de Pierre, Nicole. La plainte pour viol est requalifiée en « attentat à la pudeur par personne ayant autorité ». Charrier échappe à la cour d'assises. Il est condamné en correctionnelle à six années de prison. Sa dette envers la société est aujourd'hui payée.

Le détail de cette affaire, sur laquelle nous reviendrons, éclaire de façon exemplaire le peu de cas que l'on faisait à l'époque des handicapés. Il n'était alors pas rare de rejeter une partie de la faute sur eux en matière d'attouchements sexuels. On n'hésitait pas à parler de « provocation », de nature à faire craquer n'importe quel bon père de famille !

Avant d'examiner les conséquences de cette condamnation qui provoquera un séisme dans les milieux associatifs de l'époque, voyons qui était vraiment Pierre Charrier et comment il avait acquis une réputation d'homme au-dessus de tout soupçon.

Au sortir de la Seconde Guerre mondiale, l'encadrement des handicapés se professionnalise en France, en même temps que celui de l'accueil des orphelins. La Ddass naissante est un service de l'État, mais les handicapés sont confiés à des institutions privées sous tutelle, généralement des associations, d'obédience socialiste voire communistes pour la majorité d'entre elles. L'Association pour les adultes et les jeunes handicapés (Apajh) est jugée parmi les plus sérieuses, et ne tarde pas à couvrir l'ensemble du territoire français. Label national, l'Apajh fédère des institutions locales garantissant une certaine qualité d'accueil pour les handicapés, que ce soit au travers des centres de formation de jour, comme les Centres d'aide par le travail (CAT), ou dans l'accueil en internat, comme c'est souvent le cas des Instituts médico-éducatifs (IME).

C'est au sein de l'Apajh de l'Yonne que Pierre Charrier trouve son premier emploi, en 1962. Cet éducateur est une chance pour l'association. Formé aux dernières théories des meilleurs psychologues, le jeune homme voit dans les handicapés des personnes à part entière, ce qui est à l'époque révolutionnaire. On se contentait jusqu'alors de les nourrir et de les héberger, Pierre Charrier veut les éveiller. On les affichait au passif de la société, Pierre Charrier veut les insérer. Son arrivée dans l'Yonne donne un véritable coup de fouet à la délégation locale de l'Apajh, qui ne dispose à l'époque que de quatre centres d'accueil. Outre ses qualités d'animateur, l'homme dégage une énergie formidable, qui s'accompagne de talents d'orateur et de gestionnaire hors pair. Bien que confiné à des postes subalternes puis à responsabilités limitées (éducateur, puis responsable d'établissement), ses fonctions officieuses dépassent largement ce cadre. Ce n'est un mystère pour personne, il est à Auxerre le vrai patron, et tout le monde lui en est reconnaissant. Pierre Charrier est à la source de toutes les initiatives, de toutes les entreprises. Il a l'art de débloquer les crédits. Ses comptes sont impeccables. Voilà un homme intègre, dévoué, qui n'est pas tenté d'agir pour son enrichissement personnel. Sa récompense, c'est l'aboutissement de ses projets. La réalisation dont il est le plus fier, celle qu'il a menée seul de bout en bout, est l'installation de l'ultra-moderne institut médico-éducatif d'Auxerre, rue de la Grattery, en remplacement des locaux vétustes de la place Saint-Pierre : un établissement d'une capacité de cent places pour débiles moyens et profonds de douze à vingt ans. Il le dirigera de 1974 à 1983. Le fonctionnement de l'IME est proche de celui d'une école. Il est ouvert du lundi au vendredi, de 8 à 17 heures, et les élèves sont maintenus autant que possible dans leur famille, ou placés en famille d'accueil. Les plus déficients sont, eux, en internat.

Un service de ramassage scolaire par car est mis en place avec la compagnie des Rapides de Bourgogne, dont un des chauffeurs s'appelle Émile Louis. Pierre Charrier prend sa retraite en 1983, mais il bénéficie d'une telle aura auprès des responsables politiques et éducatifs, comme auprès des parents de handicapés, qu'on lui demande d'assurer le secrétariat général de l'Apajh : un poste honorifique pour cet ancien éducateur, l'accession au rang de notable de la ville, la reconnaissance de tant d'années d'efforts !

Du secrétariat, Pierre Charrier contrôle tout, à tel point que lorsque M. Waechter, président de l'Apajh, fait mine d'élever la voix contre Charrier en 1987, une assemblée générale extraordinaire est convoquée. Elle débouche sur l'éviction du président. Celui-ci sera remplacé par M. Vilatte, acquis à son secrétaire général.

On ne peut pas parler de Pierre Charrier sans évoquer Nicole, sa femme. Nicole et Pierre se sont rencontrés au sein de l'Apajh, et ont toujours travaillé ensemble. Quand il assumait la direction de l'IME Grattery, elle le secondait aux affaires médicales. Nicole faisait notamment le lien avec les familles et les tuteurs au sujet des problèmes de santé. En 1983, elle est nommée directrice du foyer Guette-Soleil d'Auxerre, où elle s'installe avec son mari.

Ce que l'on a appelé « l'affaire Charrier » se déclenche comme un véritable séisme départemental en 1989. Entre le secrétariat général et la participation à diverses œuvres, le toujours très actif Pierre Charrier tient aussi, depuis plusieurs années, le violon tous les mardis soirs dans la chorale des Peulons, composée de handicapés et de gens « ordinaires ». Deux des pensionnaires de l'institut que dirige sa femme, un garçon et une fille, font partie de la chorale. Pierre Charrier a pris l'habitude de les conduire personnellement aux répétitions, dans sa voiture particulière.

Le 5 octobre 1989, le SRPJ de Melun procède au flagrant délit du viol de Nathalie P. par Pierre Charrier, à l'ombre d'un parking discret situé entre le lieu de répétition et le foyer Guette-Soleil. C'est le jeune garçon qui a parlé : depuis un an, il restait sagement assis à l'avant de la voiture tandis que Charrier rejoignait Nathalie à l'arrière pour « lui faire son affaire », selon les termes de l'enfant. Écroué, Pierre Charrier ne nie pas les faits. Arguant que sa victime était consentante, il espère échapper aux assises. Comme c'est souvent le cas dans ces affaires de mœurs de l'époque, le procureur finit par correctionnaliser le motif d'inculpation en « attentat à la pudeur par personne ayant autorité ».

En mai 1992, Pierre Charrier sera condamné à six années de prison ferme.

L'affaire fait l'effet d'une bombe au sein de l'Apajh. On découvre brutalement l'autre visage du héros, la face cachée d'un Janus que les parents d'enfants handicapés étaient loin de soupçonner. Les dirigeants de l'association se veulent néanmoins rassurants : justice sera faite, les autres enfants n'auront pas à souffrir de ce fait divers.

Pourtant, une décision incompréhensible après une telle affaire intervient concernant Nathalie P. La victime de Charrier est maintenue pensionnaire de l'institut Guette-Soleil dirigé par sa femme Nicole !

De nombreux témoins nous ont confié, lors de l'enquête de « Perdu de vue », que, lorsque la directrice faisait visiter son établissement, elle ne manquait pas de présenter « Nathalie, la petite pute ». Nous avons personnellement vérifié que ces propos inacceptables ont bien été consignés dans un dossier de l'Inspection générale des affaires sanitaires et sociales (Igass), couvert par la Cotorep. À la date du 15 mai 1992, il est noté que si Nathalie n'a pas mis fin à ses jours à cause de ce traitement honteux, c'est uniquement parce qu'elle ne savait pas ce qu'était le suicide ! Stéphane Munka a rencontré brièvement la mère de Nathalie. Pierre Monnoir nous avait avertis que Nathalie avait fini par craquer, et qu'elle était hospitalisée depuis un an. Nous voulions savoir si elle allait bien. Sa mère semblait elle-même ne pas avoir conscience de la gravité de la situation : « Elle est un petit peu handicapée, mais elle a toujours travaillé, vous savez... Il y a bien eu cette histoire mais après on n'a jamais eu de problèmes. C'est vrai qu'elle est à l'hôpital, mais elle va bientôt sortir... Et elle va vite retravailler. » Nathalie, victime incomprise pour le restant de sa vie...

Le 8 janvier 1990, l'Apajh de l'Yonne se réunit en comité extraordinaire. Ordre du jour : l'association doit-elle ou non se constituer partie civile au procès de Pierre Charrier ?

Les débats révèlent une vraie fracture dans la perception du rôle protecteur que doit jouer l'Institution face aux handicapés. Certains prônent l'intervention immédiate de l'association dans le processus judiciaire. Arguments : Nathalie est une handicapée, de surcroît victime, et il est du devoir de l'Apajh de défendre ses intérêts. Il faut donc déposer une plainte contre Pierre Charrier, en même temps que celles déposées par le ministère public et la victime. D'autres membres de l'association, au contraire, estiment qu'il s'agit d'une affaire privée. À leurs yeux, l'exaction commise par un membre de l'association ne peut relever pour l'heure de la compétence de l'Apajh. Il convient de respecter la présomption d'innocence avant de se prononcer sur son éventuelle mise en cause et, éventuellement, son éviction. L'assemblée procède au vote : sur vingt-huit votants, une abstention, onze voix pour la constitution d'une plainte en partie civile, seize voix contre. C'est l'implosion. Les participants manquent d'en venir au mains. La tension est extrême. Derrière les arguments de façade sur le seul cas de Nathalie, se dessinent des enjeux autrement plus considérables.

Et des questions de fond : doit-on défendre avant tout l'institution ou la personne handicapée ? Pourquoi faire ainsi allégeance à Pierre Charrier ? Quel est son réel pouvoir au sein de l'Apajh ?

Ce soir-là, les tenants de la vieille garde ont gagné. Les perdants jettent en pâture au débat les vieux cadavres oubliés dans les placards pas très nets, les rumeurs et aussi les faits concrets et les crimes sexuels qui se sont déroulés dans la région depuis plusieurs années. Certains font un amalgame entre quelques-unes de ces affaires : Appoigny, le colonel de gendarmerie B. cité dans les documents de Pierre Monnoir, Émile Louis... La rupture entre les membres de l'Apajh est consommée. Mais dès le lendemain, les choses se calment (en apparence) car certains protagonistes craignent pour leur emploi. Ils se disent aussi que l'ennemi se combat toujours plus efficacement de l'intérieur. Mais ils jurent cependant de se venger. Une vengeance qui, comme le veut l'adage, se consommera froide onze ans plus tard, lorsque l'Apajh de l'Yonne sera contrainte de procéder à sa propre dissolution...

Avec le recul, on comprend que la position des opposants à la plainte conjointe de l'association était loin d'être infondée. En rappelant la nécessité de respecter la présomption d'innocence de Pierre Charrier, ils se référaient à la lettre de la loi, au-delà de considérations émotionnelles[1]. Si la justice avait en fin de

1. Rappelons néanmoins que la police avait procédé à un flagrant délit de relation sexuelle.

compte décidé la relaxe de Pierre Charrier, ils auraient même fait figure de sages.

Durant deux ans et demi, ils maintiendront leurs positions contre l'opinion publique icaunaise, pourtant scandalisée par l'acte de Pierre Charrier. C'est pendant les audiences du procès en correctionnelle que tout va définitivement basculer. L'accusé se révèle détestable. Il n'exprime ni regrets ni remords, il reconnaît la relation sexuelle, mais c'est pour mieux accuser la victime.

À l'Apajh, pour ceux qui ont assisté à l'audience, les souvenirs concordent parfaitement. « Elle m'a allumé. Elle savait, elle le voulait » : en arguant d'une relation librement consentie, Pierre Charrier commet trois erreurs. En premier lieu, il renie ses propres principes éducatifs et ses belles paroles passées sur la protection de « l'assisté », la personne handicapée en l'occurrence. Ensuite, il rend public son statut de mari trompé pour justifier son geste : son épouse était en effet depuis des années la maîtresse d'un autre haut responsable de l'Apajh. Enfin, il se met à dos les familles et les proches des handicapés mentaux. Pierre Monnoir, membre de l'Apajh, est outré. Il fait partie de ceux qui la quittent pour créer, le 4 juillet 1992, l'Association pour la défense des handicapés de l'Yonne (Adhy).

La présidente de l'Adhy s'appelle Jeanne Beaufumé. Cette femme, soixante-neuf ans à l'époque, veuve d'un gendarme estimé, fait l'unanimité pour sa personnalité pleine d'humanité et comme mère d'une fille handicapée décédée. Le membre le plus actif et le plus jeune de l'Adhy est Pierre Monnoir. Celui-ci est désigné pour prendre la parole au nom de la toute fraîche association, ce 4 juillet 1992, lors de la première assemblée générale ordinaire de l'Apajh qui intervient après la condamnation de Pierre Charrier : « L'Apajh, association fort respectable, ne doit pas avoir en son sein des gens qui se servent des handicapés en les manipulant et en les persécutant moralement », démarre Pierre Monnoir, histoire de s'attirer d'emblée l'inimitié de l'assemblée. La personne visée est clairement Nicole Charrier, soupçonnée de maltraiter Nathalie depuis que son mari est en prison. Suivent trois questions d'une extrême pertinence : « Pourquoi l'Apajh ne s'est-elle pas portée partie civile dans cette affaire et pourquoi n'a-t-elle pas apporté d'aide à la jeune fille agressée ? Pourquoi Pierre Charrier travaille-t-il toujours pour l'Apajh depuis la prison ? Que compte prendre l'Apajh comme position lors de sa sortie si celui-ci revient habiter au foyer *[Guette-Soleil]* ? ».

La suite se déroule dans le bruit et la confusion. Pierre Monnoir poursuit : « Il est bien connu que madame Charrier n'était pas complice de son mari, car la justice l'aurait signalé. Mais nous estimons que si elle ne s'est aperçue de rien, alors que cette jeune fille pleurait souvent *[Nathalie]*, nous appelons ça de l'incompétence. (...) Plus grave : madame Charrier ayant traité la jeune fille plusieurs fois de "petite pute" devant témoin, nous estimons que ceci est loin d'être un acte éducatif. Et si en plus nous venions à mettre en évidence un complot qui viserait à mettre dans le lit de cette jeune handicapée un autre handicapé pour justifier ces dires, nous réagirions très mal, croyez-moi. » En dépit du brouhaha, des mouvements divers et des imprécations qui accompagnent son allocution, Pierre vient malgré tout à bout de son texte. Les mots sont de plus en plus durs : « Il est reconnu que madame Charrier empêche la sortie de son établissement de handicapés qui pourraient être accueillis dans d'autres structures mieux adaptées. » Malgré la condamnation de son mari, Nicole Charrier maintient en effet dans sa résidence la victime de son époux... Pierre Monnoir accuse : « Pourquoi a-t-elle pris cette décision ? Pour justifier d'un lit occupé, donc d'une allocation ? » La haine entre la naissante Adhy et la vénérable Apajh vient définitivement de prendre corps ce soir-là. Pierre Monnoir quitte l'assemblée générale sous les huées, David triomphera de Goliath quelques années plus tard.

Nous enquêtons avec Stéphane Munka sur ce que représente réellement l'Adhy dans le département en 1995. Nous apprenons qu'ils sont une soixantaine de membres à jour dans leurs cotisations. Il s'agit surtout de personnes âgées, la plupart libres de toute attache, souvent à la suite du décès d'un proche handicapé, comme c'est le cas, par exemple, pour Pierre Monnoir. Leur but affiché est de représenter un contre-pouvoir efficace face à la toute-puissance de l'Apajh. Quoi qu'il en soit, il faut être extrêmement prudent dans cette affaire. Médiatiser l'Adhy reviendra, qu'on le souhaite ou non, à avaliser et promouvoir ses thèses, à renforcer son autorité et son pouvoir local. C'est ainsi que le public réagira, nous le savons d'expérience. Avons-nous vocation, en tant qu'émission de télévision, à accorder une légitimité à des gens certes estimables, mais dont les initiatives pourraient se retourner contre nous ? Il n'est pas question d'ouvrir l'antenne de TF1 à des règlements de comptes personnels, ni à des propos diffamatoires pour lesquels nous serions condamnés solidairement si ces propos étaient exprimés en direct. C'est donc la prudence qui l'emporte dans un premier temps, et nous décidons, connaissant bien maintenant le contexte local, de ne déclencher la force de frappe que constitue l'émission qu'après une enquête serrée prouvant de manière incontestable que les disparitions ont bien eu lieu, qu'elles sont inquiétantes et qu'ils ne s'agit pas de rumeurs ou de fantasmes.

Stéphane Munka : les jeunes filles disparues...

Trouver avant tout les dates de naissance exactes des disparues. C'est ce que j'avais demandé à Pierre Monnoir. Il m'appelle début octobre avec les identités complètes de ses quatre disparues, et le nom d'une nouvelle : Katia Chandelier. Il sait qu'elle est née le 23 janvier 1964 à Avallon, et serait passée par l'Institut médico-éducatif de la Grattery entre 1976 et 1980. Pourquoi pense-t-il qu'elle est du nombre des disparues ? « On le dit. » C'est donc à vérifier. Puis il y a les quatre autres, Madeleine Dejust, Bernadette Lemoine, Christine Marlot et Chantal Gras. Toutes les quatre ont transité par l'IME de la Grattery, toutes étaient de l'Assistance publique. L'une, Christine, était mineure au moment de sa disparition. Pierre me livre leurs dates et lieux de naissance, ainsi que quelques dates de présence à l'IME de la Grattery.

Ce premier recueil d'informations sur nos disparues est le résultat d'un formidable travail de fourmi effectué par des membres actifs et discrets de l'Adhy, au nom d'une amitié née dans les années quatre-vingt. Le frère de Pierre Monnoir, après avoir passé ses quarante premières années à la charge de ses parents, avait dû être placé en institut. Une place s'était libérée en Seine-et-Marne, dans un établissement tenu par René Leliboux.

Les deux hommes se sont entendus à merveille : Pierre Monnoir était confondu par le dévouement des éducateurs à l'égard de son frère. Lorsque René Leliboux est appelé à prendre un nouveau poste dans l'Yonne, après l'arrestation de Pierre Charrier, Pierre Monnoir suit le mouvement et rapatrie son frère à la maison d'accueil spécialisée d'Augy.

Et quand, un an plus tard, l'Apajh prend la décision de ne pas se constituer partie civile dans l'affaire Charrier, René Leliboux est abasourdi. L'amitié avec Pierre Monnoir se poursuit donc dans un combat commun soutenu, après le décès du frère de Monnoir, par la volonté d'honorer sa mémoire. Les deux hommes sont d'accord pour juger que trop de petites malversations et autres arrangements entachent la moralité de la délégation départementale de l'Apajh. Ils ne comprennent pas non plus que la jeune fille victime de Pierre Charrier soit toujours maintenue dans l'établissement tenu par sa femme. Plus grave, René Leliboux se voit, paradoxalement, reprocher les bons résultats de ses élèves lors de leur réinsertion dans la vie normale. Dans un courrier qu'il lui envoie, Georges Decuyper, secrétaire général de l'association et proche de Nicole Charrier, n'hésite pas à écrire : « Les bons résultats de retour à la vie normale m'interpellent. »

Effectivement, les habitudes de « mise sous dépendance » des handicapés par la vieille garde de l'Apajh sont sévèrement critiquées dans un rapport de l'Inspection générales des affaires sanitaires et sociales

(Igass) à la suite d'une inspection de l'association effectuée en 1992. Monnoir et Leliboux sont rejoints dans leur lutte commune par des membres éminents de l'Apajh, MM. Bernard Libes et Roger Delautre. Ce dernier, nouveau directeur de l'établissement de la Grattery, a eu vent de disparitions mystérieuses. Il témoigne et raconte sa découverte de l'affaire : « J'ai été nommé directeur de l'établissement en septembre 1988 et j'y suis resté jusqu'en septembre 1993. Je suis maintenant à la retraite dans le Sud et, croyez moi, je me porte très bien loin de l'Apajh ! Il y en a eu des sales histoires là-bas ! Le personnel a commencé à m'accorder sa confiance, bien après ma nomination au poste, puisque c'était en septembre 1991. C'est au travers de leurs propos que j'ai appris que quatre jeunes filles avaient disparu de l'établissement. Il se disait que ça avait eu lieu entre 1976 et 1982. Et, pour au moins l'une d'entre elles, il y avait eu enquête de gendarmerie. Il était naturel que je me renseigne. » Il effectue donc des recherches dans les archives de son établissement, s'intéressant en particulier à la période où Pierre Charrier était lui-même directeur de cet IME. Bilan : quatre noms de disparues sont officiellement recensés, corroborés par Jeanne Beaufumé et d'autres parents d'élèves. Ce sont Chantal Gras, Bernadette Lemoine, Madeleine Dejust et Christine Marlot. Munis de ces identités, Roger Delautre les transmet à Pierre Monnoir qui sollicite dès septembre 1993 un rendez-vous au parquet des mineurs d'Auxerre. Il est reçu par le substitut Bertrand Daillie qui prend la peine de faire des recherches dans les archives de son service, aux dates concernées. Mais les fichiers informatiques ne remontent qu'à l'année 1987. La recherche échoue. Pour la justice, les disparues n'existent pas.

*
**

C'était à notre tour d'essayer de les retrouver. Nous étions en 1995. J'avais bien à ma disposition un outil remarquable, qui avait fait cent fois la démonstration de son efficacité depuis les débuts de « Perdu de vue » : l'appel public aux huit à dix millions de téléspectateurs fidèles de l'émission, dont certains seraient susceptibles d'avoir connu ces jeunes filles ou même savoir ce qu'elles étaient devenues. Mais je ne pouvais pas convaincre Jacques Pradel de lancer un appel à l'antenne sans un certain nombre de vérifications supplémentaires. Si elles s'étaient mariées après une simple fugue, si elles avaient simplement refait leur vie ailleurs, ou si elles étaient rentrées tout bonnement dans leurs familles, nous donnerions l'impression de nous mêler de ce qui ne nous regardait pas, sans compter le ridicule d'ameuter la France entière pour des « disparitions » qui n'auraient existé que dans notre tête !

Une enquête, au départ, ça n'a rien d'exaltant. ça relève plutôt du travail d'employé de bureau. Je prépare donc une série de fax à l'intention des mairies de naissance des jeunes filles et leur demande de me transmettre leurs extraits d'acte d'état civil « comportant les mentions marginales ». Ce document est délivrable à tout requérant, contrairement à l'acte intégral, réservé à la seule personne concernée et à l'administration. Il nous permettait de nous assurer – formalité toujours utile, on avait déjà eu quelques surprises ! – que les personnes que nous recherchions existaient réellement. Surtout, on y recueillait toujours un nombre incroyable d'informations utiles. Les mentions marginales, par exemple, racontent la vie des gens, leurs mariages, leurs divorces, leur décès, parfois. Sur ces simples indices, on retrouvait facilement la trace de beaucoup de disparus. Je me souviens d'une femme qui avait perdu de vue son frère depuis une bonne vingtaine d'années, ils habitaient du côté de Lille. Elle jurait avoir parcouru tout le Bottin pour le localiser. Lorsque son acte de naissance était arrivé au bureau, une mention de mariage dans un département limitrophe avait suffi pour le retrouver sur l'annuaire. Ça se passait assez souvent comme ça. Pas de quoi en tirer une histoire pour l'antenne. C'était le travail de coulisses de l'émission. Jean-Marie Perthuis les appelait et leur demandaient s'ils étaient d'accord ou non pour que nous communiquions leurs coordonnées à ceux qui avaient fait appel à nous pour les retrouver. C'était un service que l'on rendait aux gens, un petit plaisir qu'on s'offrait et une joie qu'on leur apportait, car une disparition angoisse toujours beaucoup ceux qui en souffrent. En sept ans d'émission, nous avons ainsi réalisé hors antenne des milliers de retrouvailles sans jamais en faire état publiquement.

L'inquiétant, lors d'une recherche de cette nature, c'était l'absence de mention marginale. On peut rester célibataire toute sa vie, on peut vivre à l'étranger sans se soucier des formalités administratives, on peut aussi avoir réellement disparu, changé de vie, d'identité, ou être décédé anonymement, sans personne pour identifier le cadavre. Il suffit d'être sans famille, sans amis.

Pour nos disparues, les états civils demandés reviennent quasiment vierges de toute mention, en tout cas rien après 1977. C'est un premier élément concret qui va dans le sens de la réalité de ces disparitions. La seconde étape verse dans l'information fermée, inaccessible au commun des mortels. C'est ce qui fait, dans nos métiers, la valeur du carnet et des contacts privilégiés que les journalistes entretiennent avec certains « informateurs ». Ils les « actionnent » avec parcimonie, lorsqu'ils veulent vérifier certaines informations. Au sein de l'équipe, nous avions tous nos « contacts » qui nous aidaient parfois de façon subtile à condition, bien entendu, de ne jamais dévoiler publiquement leur contribution. Le secret des sources est une religion pour tout journaliste. Je n'en dirai donc pas plus. Que l'on sache cependant qu'aucun d'entre eux n'a jamais enfreint les lois en vigueur pour se renseigner : la nécessité du respect le plus strict de la légalité était régulièrement rappelée à tous les membres de l'équipe par les producteurs de l'émission et par Jacques Pradel. Dans le cas contraire, à la moindre faute, nous savions que nous risquions d'être remerciés sans délai !

L'un de mes contacts personnels me permettait parfois de savoir si la ou les personnes recherchées avaient exercé un emploi, quelque part en France, à une date postérieure à leur disparition. En l'occurrence, j'obtiens rapidement, par cette source, la certitude qu'aucune des jeunes filles disparues de l'Yonne n'a exercé un emploi privé et rémunéré depuis 1977. C'est sur cette indication que Jean-Marie Perthuis ouvre officiellement le dossier 662, rubrique « Les oubliés », sous-titre « Disparues d'Auxerre ».

C'était la procédure habituelle de l'émission : pré-enquête, ouverture d'un dossier à compléter le plus rapidement possible par le journaliste en charge de la rubrique, réunions régulières sur l'avancée de l'enquête avec Jean-Marie et Jacques et, lorsque nous considérions avoir suffisamment d'éléments pour lancer l'appel, programmation de la séquence dans l'une des émissions mensuelles. Ensuite, c'était le suspense habituel. Certaines affaires se résolvaient en quelques dizaines de minutes grâce aux indications des téléspectateurs, d'autres ne récoltaient que quelques informations, trop ténues pour qu'on en fasse état. Il pouvait y avoir une « deuxième chance » le mois suivant car la diffusion et l'évocation d'un cas à l'antenne faisaient souvent bouger les choses. Les gens en parlaient entre eux, certaines langues se déliaient, on nous écrivait et on nous téléphonait beaucoup dans les jours qui suivaient l'émission. Plusieurs affaires mystérieuses s'étaient ainsi résolues en quelques mois...

« Filles de la Ddass », m'avait dit Monnoir. Mais aussi anciennes pensionnaires d'un IME de l'Apajh et handicapées mentales. Cela me faisait au moins trois institutions à contacter. Commençons par l'Apajh. Un appel de TF1, ça va surprendre de l'autre côté de la ligne. On me passe directement Georges Decuyper, le président de l'association auxerroise, qui manque s'étrangler lorsque je lui parle de mes disparues. « Écoutez ! commence-t-il, péremptoire, vous faites état de rumeurs dont nous avons eu vent il y a quelques mois, suite à une émission de radio *[la déclaration de Pierre Monnoir sur RTL]*. Mon prédécesseur a demandé une information à ce sujet au procureur et à la Ddass. Le parquet a répondu très clairement qu'après recherches, il n'y avait pas de dossiers concernant ces jeunes filles. Vous vous excitez sur des rumeurs que le procureur a fait taire l'année passée. » Bonne nouvelle, l'Apajh semble bien connaître ce dossier des disparues mais, mauvaise nouvelle, mon interlocuteur n'est pas disposé à m'aider. J'insiste cependant et lui indique que selon nos informations, les disparitions ne sont pas à mettre au compte de rumeurs fumeuses. Ce sont, jusqu'à preuve du contraire, des réalités ! J'ai consigné mot pour mot sa réponse, que je retrouve aujourd'hui dans mes notes de l'époque. Rétrospectivement, elle vaut son pesant d'or : « Mon problème n'est pas de savoir s'il y a eu des disparitions, mais de conserver le secret de mes dossiers. Je n'ai pas à vous répondre. Et quand bien même je le voudrais, la décision ne m'appartient pas. Cela dépend de la Ddass, à qui je vais immédiatement écrire dès que j'aurai raccroché. Je signalerai d'ailleurs que je m'oppose à votre requête. De plus, même si la Ddass vous autorisait à fouiller mes dossiers, je ne vous les montrerais pas. J'attendrais qu'une commission rogatoire m'y oblige. Et si on me dit que des gens ont disparu, je réponds : pourquoi pas ? Après tout, qu'est-ce que ça peut bien me faire si des gens ont décidé de vivre leur vie ? La seule chose qui m'intéresse, c'est de conserver le secret. » Il raccroche. On ne peut pas être plus clair !

Je viens d'avoir une illustration du climat local et je comprends mieux certaines réflexions de Pierre Monnoir sur l'ambiance dans laquelle il évolue là-bas au quotidien. Je remercie encore Georges Decuypér aujourd'hui, car c'est lui qui, tout au début de mon enquête, m'a indiqué la marche à suivre : prouver que ces jeunes filles ont bel et bien disparu sans laisser de traces. Ses paroles sont une invitation à contacter la

Ddass pour en savoir plus et, pourquoi ne pas rêver, obtenir en même temps que les dossiers des jeunes filles puissent être rendus publics. Ça peut se faire : « J'ai déjà entendu parler de ces disparitions, confirme aussitôt M. Bastié, président de la Ddass de l'Yonne. À mon souvenir, il n'y avait d'ailleurs que deux anciennes pupilles dans la liste de ces jeunes filles. Mais c'est de l'histoire ancienne ! Sachez que je n'ai même pas les dossiers puisqu'ils sont antérieurs à la réforme. C'est le service social du Conseil général qui les détient. »

Un coup pour rien, il faudra donc compter sans l'appui de la Ddass...

Quant au Conseil général de l'Yonne, en cette année 2005, il n'a toujours pas répondu à mon fax de 1995 !

Je décide alors de contacter la Cotorep, un organisme chargé de distribuer les allocations aux personnes handicapées, et qui se compose de commissions techniques d'orientation et de reclassement professionnel. Ses attributions ont été fixées par une loi de 1975 qui stipule que « si un handicap vient perturber la vie sociale ou professionnelle d'un adulte, la Cotorep peut l'aider à faire un bilan de ses aptitudes, l'orienter, décider d'aides financières et sociales. (...) Elle s'adresse aux adultes à partir de vingt ans, ou de seize ans en cas d'entrée dans la vie active, et sans limite d'âge au-delà. » La première section concerne les relations de la personne handicapée avec le travail : reconnaissance de la qualité de travailleur handicapé, orientation vers une profession en milieu ordinaire ou protégé, aides financières au retour à l'emploi. La deuxième section attribue des allocations (allocations pour adultes handicapés, allocation compensatrice), évalue le taux d'incapacité, et oriente vers les établissements d'accueil spécialisés pour handicapés. Selon sa situation, la personne handicapée sera orientée vers l'une des deux sections, voire les deux.

J'ai déjà eu affaire à cet organisme et je sais que si les jeunes filles n'ont pas disparu « corps et biens », elles doivent être répertoriées chez eux. Cette fois, on ne me passe pas le directeur, mais une simple chef de service. J'explique mon problème avec conviction. Je travaille pour TF1, des gens ont fait appel à nous car ils s'inquiètent de ne pas avoir de nouvelles, depuis des années, de cinq jeunes filles handicapées mentales. Peut-être leur est-il arrivé quelque chose de grave. Peut-être ont-elles simplement changé de vie. Il est possible qu'elles continuent à toucher leurs allocations. Permettez-moi de vous soumettre leurs noms, et dites-moi seulement si elles apparaissent sur votre écran. « Donnez-les-moi. » À chaque nom prononcé, j'entends le bip caractéristique du PC qui ne trouve rien. Lorsque j'ajoute enfin le nom de Katia Chandelier, la réponse est positive. J'obtiens même son adresse au domicile de ses parents ! Je me confonds en remerciements. Il y a donc aussi des gens qui ont de l'humanité, dans ce département que je rêve maintenant de connaître.

« Mais je n'ai jamais disparu ! Qui vous a dit ça ? semble s'amuser Katia. J'étais à l'IME du temps de Pierre Charrier. Mais pour moi, ça s'est très bien passé. Après, je suis retournée chez ma mère, où je vis toujours. Par contre, je me souviens très bien que j'avais une copine qui s'appelait Madeleine et qui avait disparu. Je n'ai jamais eu de nouvelles. » De la mémoire, un discours cohérent, une jolie voix à peine hésitante, un brin impressionnée par l'appel d'un journaliste de Paris. Est-ce donc là une handicapée mentale ? En quoi est-elle différente d'un individu « normal » ? J'ai déjà eu affaire à des déficients mentaux, mais sous une forme plus « lourde ». C'est pour cette raison que j'avais une appréhension avant de l'appeler. La culpabilité du gars « normal » face à une personne handicapée. Si les quatre autres jeunes femmes sont comme Katia, si leur relative vulnérabilité a été leur perte, ce serait inacceptable. Accrochons-nous et continuons.

Jacques Pradel : intuitions

Pendant que Stéphane se prépare, avec notre feu vert, à poursuivre son enquête sur le terrain, je relis attentivement avec Jean-Marie Perthuis la première mouture de son dossier. Nous sommes presque persuadés qu'il s'agit de fugues : rien ne nous prouve que ces jeunes filles aient pu être assassinées, comme le pressent Pierre Monnoir. Rien ne nous prouve non plus le contraire... Jean-Marie et moi sentons l'intrigue se profiler, même si nous convenons que l'affaire est encore très embryonnaire. Il faut savoir raison garder, surtout après ce premier débriefing des éléments de Stéphane, et il est trop tôt pour envisager de passer le dossier à l'antenne. Nous demandons à Stéphane de refaire pour nous un tour d'horizon complet du travail effectué depuis le premier contact avec Pierre Monnoir.

Comme d'habitude, notre journaliste a tendance à se perdre dans les circonvolutions. Il lui faudra au moins dix minutes avant d'aborder les disparues. À sa décharge, il raconte les faits avec une précision clinique, s'intéressant d'abord aux problèmes qui secouent les structures des institutions hébergeant les handicapés dans l'Yonne. Il évoque très objectivement les différentes affaires qui opposent les uns aux autres dans ce département contre lequel nous ne nourrissons aucune animosité particulière. Il faut dire que la disparition de ces quatre filles prend tout son relief à la lumière des premières réactions très négatives qu'ont suscitées les démarches de Stéphane... Certains semblent vivement souhaiter que nous laissions tomber cette enquête.

Je me fais quand même l'avocat du diable et j'évoque la possibilité de simples départs volontaires. Après tout, il y a fort à parier que l'environnement matériel et affectif des handicapés dans ces institutions puisse expliquer que certains d'entre eux soient tentés de s'en échapper ! Le quotidien n'est pas rose, dans ces institutions où les pensionnaires sont souvent appelés par leur numéro plutôt que par leur nom de famille.

En outre, la localisation de Katia Chandelier me chiffonne. Jean-Marie et Stéphane m'assurent que cela n'enlève en rien à l'intrigue. Pour eux, le fait d'avoir retrouvé Katia, alors qu'on demeure sans nouvelles des autres, démontre que l'enquête institutionnelle a été correctement conduite. Ils y voient même la preuve tangible que Chantal Gras, Christine Marlot, Madeleine Dejust et Bernadette Lemoine ont bel et bien disparu.

Nous échafaudons toutes les hypothèses autres que la disparition inquiétante ou même l'assassinat. Seraient-elles parties vivre à l'étranger ? Cela expliquerait à la rigueur l'absence de traces administratives à l'échelle nationale, mais cela compliquerait notre travail pour les retrouver. L'émission est certes relayée par TV5 et suivie dans les pays francophones et dans le monde entier, en Suisse, en Belgique, au Canada, en Afrique, au Proche-Orient, mais les téléspectateurs sont loin et ils réagissent plus rarement aux appels que nous lançons.

Le fait qui nous apparaît cependant le plus troublant, c'est que toutes ces disparitions interviennent dans un laps de temps assez court, à peine deux ans entre la première et la dernière. Quelle impérieuse motivation peut bien pousser quatre jeune filles déficientes mentales à tout quitter en si peu de temps ? L'idée même d'un hypothétique prince charmant nous laisse perplexes. S'agit-il d'une affaire de proxénétisme ? Ont-elles été enlevées au profit d'un réseau de prostitution international ? L'idée est, malheureusement, à creuser.

Nous évoquons aussi ce que nous appelons le « postulat Charrier ». Auraient-elles voulu fuir l'institution pour échapper aux assiduités d'un responsable ou d'un éducateur indélicat ?

Ce qui retient aussi notre attention et qui justifierait l'idée que ces jeunes femmes aient pu connaître un destin tragique, c'est la litanie des affaires de mœurs à connotation criminelle dont l'Yonne paraît avoir souffert en si peu d'années.

En effet, les découvertes de cas de disparitions et de meurtres de femmes vont se multiplier au cours de notre enquête. À la fin de l'année 1996, nous en recenserons onze au total. Johanna Parrish, Isabelle Laville, Sylviane Lesage-Durand... Un rapport commandé par la ministre Marylise Lebranchu relèvera pour sa part dix-sept cas, depuis 1970. D'autres sources évoquent jusqu'à trente disparitions inquiétantes et meurtres de femmes.

Autre élément inquiétant, le taux d'élucidation de ces affaires est proche de 0 %. La justice auxerroise – l'action du parquet, en particulier – est souvent mise en cause localement. Il arrive que la presse s'en fasse l'écho.

Que se passe-t-il au tribunal d'Auxerre ? Pour compléter notre enquête, nous contactons le parquet pour savoir si ces disparitions de handicapées ont été ou non signalées officiellement, si nos disparues ont fait ou non l'objet d'une enquête de gendarmerie ou de police, voire d'une éventuelle information judiciaire. Mlle Caby, substitut du procureur d'Auxerre à l'époque, nous répond que tout ce qu'elle a sur l'affaire, « c'est un signalement récent dressé suite à une lettre de l'Apajh, demandant des explications après sa mise en cause sur la radio *[il s'agit de l'appel lancé par Pierre Monnoir sur les ondes de RTL]*. Ce document fait était de quatre disparitions. Dans sa réponse, le procureur Cazals a signifié qu'il n'y avait strictement rien à leur propos au tribunal. Pas de plaintes, donc pas de dossiers. Je pense que s'il a existé quelque chose, il n'y a plus moyen de retrouver ces documents. C'était il y a longtemps. Je ne suis pas étonnée qu'il n'y ait rien. Ces filles étaient majeures, je crois ».

Pas toutes, non. Mais là n'est plus la question. En clair, ces disparitions ne sont inquiétantes que pour nous ! Plus grave : si, comme nous le suspectons, ces jeunes filles étaient sous tutelle ou sous curatelle, elles sont assimilables à des « majeurs protégés » et on aurait dû s'inquiéter de leur sort. Incompétence ou indifférence ? Y a-t-il une volonté d'occulter ces affaires ou sommes-nous simplement face à un système sclérosé qui a perdu le sens des valeurs qu'il est censé défendre ? Un jour ou l'autre, nous finirons bien par comprendre... Si nous n'avions eu que des administrations comme interlocuteurs, l'enquête se serait arrêtée là. Heureusement, il y avait les familles des disparues, que nous avons patiemment retrouvées sans aucune aide officielle... C'est le moins que l'on puisse dire !

Stéphane Munka : où l'on nous parle d'Émile Louis

Quand même ! Il doit bien se trouver quelque part des amies, de la famille, des gens qui ont connu ces filles. Je replonge dans mes maigres documents. Sur l'extrait d'acte de naissance de Bernadette Lemoine, la mention d'un mariage avec un certain Jean-Pierre G. Le nom de famille apparaît dans l'annuaire de l'Yonne. Je remonte doucement jusqu'à l'ex-mari de Bernadette. Personne ne se souvient très bien de la femme de Jean-Pierre. « Elle l'avait quitté, ça n'était pas la folle entente entre eux. Il a fait de la prison, ça n'a pas arrangé les choses... Ils ont eu un enfant. Il a été élevé sans sa mère, c'est pas simple, vous savez... » Pourquoi la prison ? « Une histoire de voiture volée... Ah si, tenez, il y a quelqu'un qui nous a appelés, il n'y a pas un mois, pour un héritage. » Coïncidence ? Bernadette serait-elle décédée ? « Jean-Pierre pourrait vous en dire plus, peut-être... » Je le joins par téléphone. Après quelques mots, il hurle et raccroche aussitôt. Je découvre tout un monde de petites gens frappés par le malheur, l'indigence, le chômage, la pauvreté, une autre France, un triste quart-monde. Le monde de nos disparues.

Plus tard, je retrouverai tout de même, à force d'obstination, un vieux document de 1982 établi à la demande de Jean-Pierre G. et constatant que sa femme avait quitté le domicile conjugal.

Lemoine, Gras, Dejust, Marlot. Des noms trop courants pour se lancer avec succès dans la prospection téléphonique : « Bonjour, êtes-vous de la famille de Christine ? » Fastidieux. Mais il n'y a pas d'autre solution. Première recherche pour les Dejust. Il me faut un « Jean », que je sais être le prénom du père de Madeleine. Une quantité de réponses rien qu'en Bourgogne. Tant qu'à faire dans la difficulté, autant chercher le nom le plus courant, celui de Chantal Gras, née de Gisèle, née elle-même à Paris. C'est presque du vice de commencer par elle...

J'interroge le Minitel. Pas de réponse sur Paris et environs. Rien dans l'Yonne. Pour peu que Gisèle soit remariée ou vive en couple, c'est perdu d'avance. Il y a des Gras en Côte-d'Or. Je tente ma chance. Une femme me répond : « Mais pourquoi voulez-vous de ses nouvelles ? » Bingo ! Chantal est sa fille. Elle l'a eue jeune. Elle-même est handicapée, elle a la carte de la Cotorep. « C'était pas facile de l'élever. » Elle l'avait confiée à la Ddass toute petite, mais elle l'a gardée près d'elle aussi longtemps qu'elle a pu. Souvent elle allait la voir, d'abord en nourrice, puis chez les « logeuses » où Chantal était placée. Chantal ne s'en plaignait pas.

Elle avait quatorze ans quand elle est arrivée dans l'Yonne, il n'y avait pas de place à Paris. « Elle n'était pas facile, elle était coquette. » Et elle a disparu, quand elle a eu dix-huit ans. Elles ne se sont jamais revues.

J'explique à cette femme un peu surprise par mon coup de téléphone qu'on a l'intention de retrouver sa fille par l'intermédiaire de la télévision. J'espère que ça ne la dérange pas, je lui assure qu'on ne fera rien sans son accord. On aborde difficilement, doucement, le caractère inquiétant de cette disparition. « Chantal a eu sa majorité le 15 avril 1977, alors ce jour-là je suis partie la chercher, pour la récupérer... Mais la logeuse m'a répondu que je ne pouvais pas la prendre parce qu'elle n'avait pas signé les papiers. Il paraît que le 20 avril, cinq jours plus tard, elle est rentrée de l'école, elle a posé son sac et elle est partie avec un gars. Alors j'ai fait des recherches, j'ai prévenu les gendarmes. Mais ça n'a rien donné. S'il vous plaît, retrouvez-la-moi. »

« Retrouvez-la ! » Voilà près de vingt ans que cette mère s'inquiète pour sa fille. La gendarmerie est au courant, la logeuse aussi. Gisèle se souvient de son nom, Mme Maudier. Minitel, réponse à Villefargeau, tout près d'Auxerre. Confirmation : « J'ai eu Chantal Gras à la maison pendant deux ans. Un jour, c'était le jour de ses dix-huit ans je crois, elle est rentrée de l'IME comme tous les soirs à 17 heures, elle a pris son goûter et elle est partie jouer derrière la porte, dans le jardin. Une heure plus tard, elle n'était toujours pas rentrée. Je me suis inquiétée et j'ai prévenu la Ddass vers 20 heures. Les gendarmes sont venus. J'ai souvent demandé à la Ddass s'ils avaient eu de ses nouvelles, mais ils n'ont jamais rien su... J'ai l'impression que quelqu'un l'attendait, qu'elle est partie de son plein gré avec cette personne, mais qu'elle ne savait pas où elle allait... Je me souviens aussi que le matin de sa disparition elle avait rangé sa chambre. Je lui ai fait remarquer. Elle m'avait répondu qu'elle faisait de l'ordre. »

Disparition volontaire ? Avait-elle un ou des petits copains ? Mme Maudier n'en a aucun souvenir. « Il y en a eu, des gars qui s'intéressaient à Chantal... » Mais rien d'assez sérieux pour qu'elle se souvienne d'un nom.

Nouvel appel à Gisèle Gras : « Je ne sais rien sur le copain. La gendarmerie n'a rien trouvé. » Elle a raison, il faut contacter la gendarmerie. « J'ai d'abord signalé la disparition de ma fille à Rueil-Malmaison. C'est là que j'habitais. Mais comme ça n'a rien donné, j'ai fait pareil à Auxerre. » Rien dans cette commune. Comment a-t-elle pu porter plainte auprès de la gendarmerie, si près de Paris ? Elle doit vouloir parler de la police. Des jours de recherches, des tonnes de fax au service de presse de la préfecture de police pour retrouver un document qui doit être détruit depuis longtemps. Aucune chance. Même échec à la gendarmerie d'Auxerre, que j'appelle aussitôt. « Chantal Gras ? une recherche dans l'intérêt des familles ? Si la demande avait eu la moindre suite, Gisèle Gras en aurait été informée. Je ne peux rien vous dire de plus. »

La Rif est la plus hypocrite des procédures françaises. Votre fils, votre frère, votre conjoint disparaît, il est majeur, vous remplissez le formulaire de Recherche dans l'intérêt des familles vous garantissant que, si cette personne vient à être contrôlée par les forces de l'ordre, à l'occasion d'une arrestation, d'un éthylotest, d'un contrôle d'identité, promis, la personne sera informée de votre démarche. Valable uniquement dans le département de la demande, et pour deux ans. Option sur le territoire national si l'on sait se montrer insistant. Sur cinquante mille disparitions chaque année, la Rif obtient le fantastique résultat de zéro pour cent et des poussières de réussite. En quatre années d'émissions, je n'ai connu qu'une Rif réussie. On aura beau pondérer ce résultat en lui ôtant les retours volontaires, reste chaque année près de deux cents personnes qui disparaissent inexplicablement, et à jamais, en France.

Je rappelle Gisèle Gras, elle ne se souvient pas avoir connu à sa fille des amies qui seraient susceptibles de m'aider. Mme Maudier non plus. Peut-être faudrait-il demander à la Ddass ? Mauvaise pioche. Qui d'autre ? Les voisins ? Qui peut me dire à quoi ressemblaient ses journées ? Mme Maudier : « Elle partait tous les matins en car. À l'IME, elle avait des copines, mais impossible de se souvenir des noms. Et tous les soirs elle prenait l'air une petite heure devant le pavillon.

Parfois, ils étaient toute une bande de jeunes. Le week-end, elle sortait avec une amie, plus jeune, impossible de me souvenir de son nom... Une fille de l'IME sans doute. Elles se rendaient dans des kermesses. » Nouveau coup de fil à la mère de Chantal : « Une copine ? Je ne sais pas. Elle ne m'en a pas parlé dans ses lettres. » Des lettres, dites-vous ? « Je vais les retrouver. » Je fais alors appel à Pierre Monnoir. Grâce à ses contacts, pourrait-il retrouver une jeune fille ayant fréquenté la Grattery en 1976 et 1977, et capable de se souvenir de Chantal Gras ? Il va voir mais il ne promet rien. Il rappelle. Chou blanc, pas de filles en particulier, mais si je veux la liste de tous les noms... Trop vaste. Son contact occulte au sein de l'IME a consulté de nouveau le dossier Gras. Pas de traces d'une disparition inquiétante, simplement une radiation, en juillet 1977.

Ils ont transformé la disparition inquiétante en départ volontaire. Pourquoi ? Qui rédigeait les dossiers ? Les annotations concernant la santé de Chantal seraient de la main de Nicole Charrier, c'est logique. Nouvel appel à Gisèle, qui me lit les lettres de Chantal qu'elle a pu retrouver. Rien qui puisse lever le mystère de sa fugue ou de sa disparition. Sinon que Chantal n'aime pas Charrier, le directeur. C'est bien maigre, il faudrait que j'obtienne un entretien avec cet homme. Mais comment savoir où le joindre ? Je téléphone de nouveau à M. Decuyper. « Sauriez-vous où se trouve Pierre Charrier ? » Réponse du genre : « Monsieur, cessez de m'emmerder. » Reçu... Cinq sur cinq ! D'ailleurs, je ne vois pas bien ce que Charrier pourrait m'apprendre sur Chantal, en admettant qu'il accepte de me rencontrer. Il ne doit pas être très impatient d'évoquer avec un journaliste une période où il a fait de la prison.

Je reviens à la personnalité de Chantal, car la clé de sa disparition tient peut-être à un détail que quelqu'un pourrait me raconter. À propos, qu'est-ce qu'elle voulait faire, plus tard, dans la vie ? « Apprentie-coiffeuse », m'apprend Mme Maudier. Je dois commencer à devenir exaspérant avec mes appels intempestifs. Il va falloir penser à regrouper mes questions. Réfléchir. Essayer de me mettre dans sa peau... Je suis une jeune fille coquette, nantie d'un QI entre 80 et 100, selon les experts. Je veux être coiffeuse, je passe mes journées à apprendre la lingerie et le ménage. Je suis un peu rebelle, révoltée, je voudrais changer d'air... Un copain me dit que je mérite mieux que cette vie-là, il a une Mobylette (Mme Maudier en a parlé, à cause des pétarades devant sa porte). Mais quelle erreur, de vouloir me mettre à sa place, dans sa peau ! Avec cette méthode à la Simenon, je n'arriverai à rien. Bon, admettons qu'elle ait décidé de partir... Comment fait elle concrètement ? Elle n'a pas le permis, pas même un vélo ! Avec une carte de la région, j'examine la situation et les environs de Villefargeau. À pied, on peut rejoindre Auxerre mais ça prend du temps. Elle aurait été vue par quelqu'un sur la route. Admettons qu'elle s'y soit cependant rendue. Ensuite, où va-t-elle ? Les horaires de train de la gare d'Auxerre ne me désignent aucune direction évidente. Je n'ai pas ceux de l'époque, mais ça n'a pas dû beaucoup changer. Auxerre est un cul-de-sac. Il y a belle lurette que le Paris-Lyon-Marseille contourne par Laroche-Migennes. A-t-elle voulu revoir un endroit qu'elle avait aimé en vacances ? Chantal Gras est-elle seulement partie en vacances ? A-t-elle déjà vu la mer ? Mme Maudier ne l'a connue que deux ans, trop court. En plus, c'est une « logeuse », pas une confidente. J'appelle Gisèle : « Oui, elle a vu la mer une fois. Où ? Je ne sais plus. » Rien dans les autres lettres qu'elle a retrouvées entre-temps ? « Rien. Juste qu'elle partira. » Comment ça ? Elle vous avait prévenue ? « Pas elle, mais le chauffeur de car. Il me l'avait dit. Je le connaissais bien. C'était lui qui m'accompagnait lorsque je rendais visite à Chantal. Dans le car, il disait : "Votre fille, quand elle aura dix-huit ans, elle partira." » Comment il s'appelait ? « Émile Louis ! »

Le gars qui a violé les gamins... Je compulse rapidement les documents de Monnoir. Effectivement, Émile Louis, chauffeur de car, transportait les handicapés entre leur domicile et l'établissement de Pierre Charrier. Et il a été emprisonné au début des années quatre-vingt pour attouchements sexuels sur des enfants de la Ddass placés sous sa responsabilité. Si ce n'est pas un homonyme, possible avec un nom pareil, c'est incroyable. Je raccroche, je regarde fixement la fenêtre du bureau et je m'écrie : « Mais qu'est-ce que c'est que ce bordel ? ».

Jacques Pradel : un appel pour tenter de retrouver les disparues

Dans mon salon, sur mon téléviseur personnel, je visionne l'enregistrement sur cassette vidéo d'une longue conversation avec les deux principaux responsables de l'Association de défense des handicapés de l'Yonne : Pierre Monnoir, vice-président, et Jeanne Beaufumé, présidente. Si nous décidons de consacrer prochainement une séquence de « Perdu de vue » aux « disparues de l'Yonne », ils seront mes invités en direct. Il est temps que je découvre la manière dont ils s'expriment. Je ne les ai pas rencontrés jusqu'à présent et c'est volontaire. En effet, Jean-Marie Perthuis et moi, nous avions mis au point un mécanisme assez subtil qui me permettait de suivre le déroulement des différentes enquêtes en cours de « Perdu de vue », sans jamais rencontrer physiquement les gens avant leur passage à l'antenne. Car pour conserver la spontanéité de mes interlocuteurs le jour de diffusion de l'émission en direct – et pour éviter que ceux-ci omettent d'aborder un point capital de leur témoignage –, il fallait éviter toute relation personnelle avec eux jusqu'au dernier jour. De plus, nous travaillions sur de très nombreuses affaires simultanément, parfois pendant plusieurs mois, avant de prendre la décision d'y consacrer ou non une séquence de notre émission. Je ne pouvais pas être partout à la fois et, chaque mois, je consacrais beaucoup de temps à peaufiner mes deux heures de direct, ce qui n'était pas une mince affaire !

Mes futurs invités étaient donc d'abord convoqués dans le bureau de Jean-Marie Perthuis, qui les interviewait très longuement en compagnie du journaliste responsable de l'affaire. L'entretien était filmé à l'aide d'un petit caméscope de format vidéo 8. Je disposais ainsi à la fois du dossier de synthèse, rédigé par le journaliste, et de la copie de l'enregistrement « V8 ». C'est sur ces bases que je préparais ensuite mes interviews et mes interventions pour le direct mensuel.

L'enregistrement me permettait aussi de juger du comportement des invités. Je pouvais mieux cerner leur façon de s'exprimer, leur profil psychologique, la manière dont ils répondaient aux questions posées. Personne n'était jamais écarté de l'antenne à cause de ses origines, de son âge ou de sa plastique, seule comptait la capacité de chacun à exposer clairement ou non les tenants et les aboutissants de son histoire.

Ces derniers temps, je n'avais pas suivi les récentes avancées de l'enquête sur les disparues d'Auxerre. Il est vrai que nous progressions à un petit rythme depuis quelques semaines car Stéphane avait dû s'impliquer dans une autre affaire que nous suivions au Guatemala, concernant l'assassinat de deux Français dont deux autres jeunes compatriotes étaient accusés par la justice de ce pays. C'était l'affaire Biret-Bernard. Nous avions déjà beaucoup fait, à la demande de leurs familles respectives, pour tenter de faire rapatrier ces Français prisonniers dans un des pires pénitenciers du Guatemala, mais sans succès. Jean-Marie s'était rendu sur place. Nous avions organisé une séquence au cours de laquelle ils avaient pu parler, depuis leur prison, à leurs familles réunies sur notre plateau. C'était déjà quelque chose. Mais nous n'arrivions pas à les faire revenir en France où ils auraient eu la garantie d'un procès équitable. Nous avions même envoyé sur place un avocat, Me Claude Katz, de la Fédération internationale des droits de l'homme, qui avait eu accès aux pièces du dossier et jugé scandaleux le procès truqué dont nos deux jeunes compatriotes avaient été les victimes. Malgré tous nos efforts pour inciter la France à intervenir au plus haut niveau diplomatique, Philippe Biret et Jean-Philippe Bernard restaient incarcérés, condamnés à une lourde peine pour un crime qu'ils niaient avoir commis.

Quant à l'affaire des disparues de l'Yonne, il était clair maintenant que nous allions bientôt réaliser une première séquence de « Perdu de vue » consacrée au sujet. L'enquête allait s'accélérer, mais nous en savions déjà assez pour tenter un premier appel sur l'antenne et rendre ainsi l'affaire publique.

Sur l'enregistrement, Pierre Monnoir passe fort honorablement ; « Jeannette », elle, crève littéralement l'écran. Jeanne Beaufumé a soixante-douze ans. Mère d'une fille déficiente mentale décédée, elle connaît les arcanes de l'Apajh sur le bout des ongles. Mais là où le ténébreux Pierre Monnoir brille par ses explications techniques sur les circonstances des disparitions et les ramifications suspectes entre cette affaire et les faits divers icaunais, Jeanne Beaufumé, vive et pétillante, émeut. Charisme et fraîcheur, ce n'est pas pour rien que cette honorable dame est la présidente de cette Association de défense des handicapés de l'Yonne. Jeanne nous apprend qu'elle a travaillé bénévolement à l'IME de la Grattery de 1975 à 1980, époque des disparitions suspectes, époque également où Pierre Charrier dirigeait cet institut. « Je le vénérais, se rappelle-t-elle. Puis, c'est au procès que j'ai vu pour la première fois l'autre face de la personnalité de Pierre Charrier. Il sortait de telles insanités, semblait si pervers. Il était transformé. J'ai mis un certain temps à intégrer ce nouveau personnage et à comprendre qu'il nous avait joué la comédie pendant toutes ces années. » Elle insiste avec beaucoup d'émotion sincère : « S'il vous plaît, retrouvez-les-nous. » Elle ajoute un témoignage personnel : « Je me souviens, ça devait être au début des années quatre-vingt, une des élèves ne s'était pas présentée le matin à l'IME. Était-ce la petite Lemoine ou la petite Dejust ? Je ne sais plus. Toujours est-il que Pierre Charrier nous a immédiatement demandé le silence le plus total : "N'en parlez pas entre vous car les élèves pourraient vous entendre et en être affectés." Cette attention m'avait paru si louable à l'époque... Aujourd'hui, le doute s'est insinué. »

La conversation se poursuit autour du nombre de disparues. Jeanne et Pierre savent depuis quelque temps que l'on a retrouvé Katia Chandelier. Stéphane le leur a dit dès qu'il a pu parler à celle-ci et vérifier qu'elle était bien vivante... Sur la cassette, j'entends Jean-Marie les rassurer : « La localisation de Katia Chandelier n'ôte rien à l'étrange disparition de Chantal Gras, Christine Marlot, Madeleine Dejust et Bernadette Lemoine. Votre appel est légitime, nous avons donc décidé de vous aider à le médiatiser. » L'affaire se tient, aucune raison d'attendre plus longtemps. Un appel aux téléspectateurs nous permettra peut-être de les retrouver toutes, bien vivantes. C'est ce que nous espérons. Il me faudra être très rigoureux lors de l'exposition de la séquence pour éviter de trop égratigner l'Apajh. « Perdu de vue » donnera une tribune à la contestation, mais ne sera pas le terrain de leur règlement de comptes. Fragile ligne de démarcation que je devrai m'efforcer de tenir.

Ils ne savent pas, par contre, que nous avons retrouvé la mère de Chantal Gras. Nous n'avons pas encore décidé si nous la passerons à l'antenne. Nous verrons. En attendant, nous demanderons à Stéphane de mettre les bouchées doubles jusqu'à la dernière minute afin de présenter le dossier le plus complet possible en direct, dans un mois...

Stéphane Munka : beaucoup de coïncidences...

En relisant mes notes, je constate que le nom d'Émile Louis est cité à deux reprises mais je n'y attache pas une importance excessive. Après tout, ce chauffeur de car ne semble pas être un protagoniste important.

Pour l'heure, le mieux est de continuer à rechercher des proches ou des familles des disparues. C'est ainsi que je retrouve Jean Dejust, le père de Madeleine. À force d'appeler systématiquement tous ses homonymes inscrits dans l'annuaire, j'ai fini tomber sur le bon. Il confirme que sa fille a disparu, mais préfère que je parle avec l'aînée, Marie Julien, qui s'était à l'époque occupée de tout. Marie, elle aussi, était placée par la Ddass dans une famille différente de celle de sa sœur, à Laroche-Migennes. C'est là, d'ailleurs, qu'elle vit toujours aujourd'hui, avec mari et enfants. « Madeleine était, elle, vers Toucy, tout près d'Auxerre. » Pour aller la voir, ça faisait une trotte. Mais les deux sœurs parvenaient à se voir régulièrement. Marie ne se rappelle plus exactement la date de la disparition de sa sœur, mais elle avait fait passer dans le journal *L'Yonne Républicaine* un avis de recherche, qu'elle a conservé. C'était en juillet 1977. Il y a même une photo de Madeleine ! C'est la première trouvaille capitale pour étayer notre appel au public. Montrer une photo peut être cent fois plus efficace que citer un simple nom.

À la suite de la parution de l'article, les gendarmes étaient venus s'informer, mais elle n'a jamais eu de nouvelles après. Tout ce qu'elle savait, elle le tenait des gendarmes, qui avaient enquêté à sa demande. Elle se souvient que Madeleine aurait été aperçue pour la dernière fois à la gare routière d'Auxerre, celle du départ des cars... On l'appelle la gare de Migraines, allez savoir pourquoi. « Madeleine avait prétendu devoir se rendre chez une amie à Paris. Elle avait pris tout son argent. » La logeuse de Madeleine pourra peut-être m'en dire plus, elle s'appelait madame Bulcourt. À retrouver elle aussi... Encore quelques éléments qui permettront de mieux cibler la demande de Jacques Pradel aux téléspectateurs : une date précise, un lieu où la disparue a été aperçue, une photo... Le dossier s'étoffe.

L'évocation de la gare routière d'où partent les cars attire à nouveau mon attention sur Émile Louis. Je décide de rappeler Gisèle Gras. Depuis que nous nous connaissons, les souvenirs de l'époque où sa fille a disparu lui reviennent par bribes. Elle pourra peut-être me parler plus en détail du chauffeur de car... J'apprends qu'elle a assez bien connu Émile Louis. De ses explications, je déduis que l'homme était un peu coureur et qu'il avait tenté sa chance avec elle. Gisèle a même conservé une lettre qu'il lui avait envoyée en 1976 et où il la draguait ouvertement. Elle cite : « Quand vous viendrez la prochaine fois, vous me dirait (*sic*) à quelle heure que vous arrivez à la gare de Laroche-Migennes, j'irai vous chercher tout seul pour faire avec vous plus ample connaissance, car dans le fond je ne sais pas grand-chose de vous, à part que je vous trouve bien gentille et sympathique. » Après la disparition de Chantal, à l'occasion d'un déplacement pour récupérer les vêtements de celle-ci, elle l'avait même revu. « Il m'a dit : vous voyez bien, j'avais raison. Votre fille, dès qu'elle a eu dix-huit ans, elle est partie ! » A-t-il été entendu par les gendarmes ? Gisèle ne se souvient pas. Elle ne sait rien de l'enquête.

Entre-temps, grâce au réseau amical de ceux qui soutiennent discrètement mais efficacement Pierre Monnoir, nous pouvons nous procurer des copies des dossiers administratifs des jeunes filles, conservés au sein de l'Institut médico-éducatif de la Grattery. J'obtiens ainsi les dates exactes de leurs séjours, le nom des nourrices, leurs adresses et quelques annotations bien utiles. Et M. Decuyper qui nous avait affirmé haut et fort qu'on ne disposait d'aucun renseignement sur les disparues !

En comparaison de la situation familiale des autres jeunes filles, Christine Marlot paraît bien seule au monde. Le dossier mentionne l'existence d'une mère décédée. Il n'est pas indiqué de date d'entrée à l'IME, mais nous constatons la trace d'une fugue le 13 décembre 1976. Du 17 au 21 janvier 1977, elle se trouve au foyer de l'enfance de Dijon, avant de reprendre ses quartiers à l'IME d'Auxerre. Rien d'autre, sinon une proposition de prescription de contraceptif datée de 1975, soit à ses quatorze ans, à la demande de Nicole Charrier. D'un côté, le détail est troublant. De l'autre, les handicapés mentaux ont une vie sexuelle, tout le monde le sait bien. J'imagine assez facilement la petite Marlot un peu délurée, impossible à canaliser, fugueuse récidiviste. Un portrait à rapprocher de celui de Chantal Gras. Le point est à retenir. Bernadette Lemoine a certainement connu Christine. Présente de 1973 à 1976 à l'IME, elle aussi aurait fugué le 6 avril 1975. Par contre, le fait qu'elle soit hébergée dans un foyer plutôt que dans une famille signifie-il que son handicap est plus lourd que les autres ? Les dossiers nous ont donné un certain nombre d'informations concrètes sur les disparues, mais nous ne savons rien de leur aspect physique, sauf pour Madeleine. Il faudrait se procurer d'autres photos. J'appelle Pierre Monnoir et lui demande un dernier effort : récupérer, si elles existent, les photographies des filles dans les dossiers de l'Apajh. Je le sens réticent, il promet d'essayer.

Les tableaux, les graphiques, les dessins, ça m'a toujours aidé. Ma projection graphique met en évidence la présence de toutes les futures disparues, à l'IME de la Grattery, entre septembre 1974 et juillet 1975. Mais le pacte secret, l'amitié indéfectible, le départ commun paraissent peu probables. On n'est pas au *Cercle des poètes disparus* mais dans un institut médico-éducatif. De plus, les disparitions elles-mêmes ont certes eu lieu la même année (en 1977), mais à des dates différentes. Les jeunes filles sont alors d'âges voisins : entre seize et vingt et un ans, soit une moyenne globale d'à peine dix-neuf ans. S'il s'agit de crimes, la disparition de Christine m'interpelle. Quel meurtrier un peu adroit aurait pris le risque d'attirer l'attention en s'attaquant à une mineure ? Ce que je sais d'elle m'incite néanmoins à la conserver dans la liste. Sur une carte départementale, je localise ensuite l'IME, les nourrices, les familles, toutes les adresses que je détiens. Question : y a-t-il un lien entre toutes ces disparitions ? Le seul point commun semble être, mais pas pour toutes, ce chauffeur de car qu'on retrouve quand même cité dans l'environnement de certaines victimes, de leur entourage ou de l'institution dont elles dépendent. Pour confirmation, il faudrait que je reporte sur ma carte les trajets des cars de la société des Rapides de Bourgogne. Mais je ne comprends pas comment il pouvait les raccompagner le soir, certaines résidant dans des coins opposés. Il devait les reconduire séparément, au hasard de ses itinéraires du jour...

Le seul qui les ait toutes connues, c'est Pierre Charrier, l'ancien directeur, mais cela ne va pas plus loin. Impasse...

Autre lien possible à rechercher, le fameux colonel de gendarmerie, monsieur B., qui aurait violé des filles de la Ddass : Pierre Monnoir m'avait fourni une coupure de presse à ce sujet. Les accusations de viols ne datent que de 1994, mais concernent deux filles sous curatelle et dont il avait la charge. De plus, à la retraite depuis 1984, l'officier aurait eu tout loisir d'étouffer éventuellement les recherches à l'époque de nos disparues. Mais était-il seulement en poste à Auxerre ? Personne ne nous a parlé de lui...

*
**

Émile Louis... Le nom du chauffeur de car me trotte désormais sans cesse dans la tête. S'il a été condamné à une certaine époque, comme l'indique le document laissé par Pierre Monnoir, il y a forcément des documents judiciaires à récupérer quelque part, pour se faire une idée du bonhomme et de la nature de son délit. Son avocat de l'époque pourrait se souvenir de l'affaire. Lorsque j'irai à Auxerre, il faudra penser à me rendre à *L'Yonne Républicaine* pour consulter leurs archives.

Enfin, je décide de creuser la personnalité de Bernadette Lemoine. Je n'avais encore rien de bien tangible sur cette fille, dont la vie avait pourtant été plus remplie que celle des autres... Un mariage, un enfant. On ne disparaît quand même pas sur un simple coup de tête. Puisque je sais maintenant qu'il ne faut pas compter sur le mari, je creuse cette obscure histoire d'héritage. J'appelle au hasard quelques études notariales d'Auxerre et de la région et leur soumets le nom de Bernadette. Soit il leur est inconnu, soit il s'agit d'une information confidentielle, soit, le plus souvent, la recherche serait trop fastidieuse à effectuer. Il ne reste plus qu'à faire un point avec les Rapides de Bourgogne pour en savoir un peu plus sur le chauffeur de car.

La secrétaire de la société de transports me donne les coordonnées d'un ancien employé, qui travaillait déjà dans la société dans les années soixante-dix. Contacté, cet homme s'avère n'avoir jamais été affecté aux transports des IME, il ne peut pas me dire comment c'était organisé à l'époque. Mais lorsque je lui cite le nom d'Émile Louis, il s'en souvient très bien : « Un gars pas clair qui aimait faire les permanences de nuit. » Il m'apprend qu'on avait même tiré des coups de feu sur Émile Louis, un soir que ce dernier était de garde. « Une histoire bizarre. Le chauffeur de car dormait dans le bureau quand deux coups de fusil ont retenti. » De la chevrotine l'aurait raté de peu. La rumeur disait qu'il entretenait une fille à l'hôtel voisin. « C'était un coureur, ce gars-là. »

Une de nos jeunes filles a disparu après avoir pris le car, la seconde en se rendant à la gare routière ; la troisième aurait-elle pu se trouver à l'hôtel, entretenue par Émile Louis ? Ça tombe bien, Jacques Pradel me demande si j'ai parlé aux gendarmes locaux pour avoir des précisions sur ce chauffeur de car qui commence à prendre une place de plus en plus centrale dans l'histoire des disparitions. Nous n'allons pas être déçus !

Jacques Pradel : interrogations

J'effectue ma synthèse personnelle sur la base de l'enquête de Stéphane, consignée dans ce qui deviendra bientôt pour nous le fameux « dossier 662 ».

D'après les premiers éléments recueillis auprès des proches et des familles que nous avons pu retrouver, on peut conclure avec certitude que la gendarmerie s'est déplacée et a vraisemblablement enquêté sur les disparitions de Chantal Gras et de Madeleine Dejust. Dans la mesure où Christine Marlot était mineure au moment de sa disparition, il y a fort à parier que les gendarmes furent aussi saisis de cette affaire. Reste à s'en assurer. Nous n'avons toujours rien ou presque sur Bernadette Lemoine, mais on sait que son mari a saisi la justice pour obtenir le divorce.

Je veux maintenant savoir clairement qui avait autorité sur ces filles. S'il s'avère que les institutions, et par conséquent l'état, ont failli, il faudra qu'ils se préparent à une sacrée volée de bois vert dans notre émission. Mais avant d'accuser, nous devons répondre à toute une série de questions. Par exemple, il faut que nous sachions qui avait compétence pour entreprendre les démarches légales à la suite des disparitions. La Ddass devait-elle, en tant que tuteur légal, agir et déposer plainte pour disparition inquiétante ? Était-ce le rôle des familles d'accueil ? Le parquet n'aurait-il pas dû intervenir comme il en a le droit ? Pourquoi la justice n'a-t-elle conservé aucune trace d'enquête ou d'information judiciaire ? Est-ce parce que personne n'a véritablement enquêté ? Que sont devenus les rapports des gendarmes ? Enfin, pourquoi les fichiers de l'Apajh sont-ils si laconiques ? On dirait que chaque institution concernée tient à réduire ces disparitions à de simples et banales fugues, ce qu'à l'évidence elles ne sont pas ! Pour avancer dans les recherches, il faut maintenant contacter les gendarmes et tenter de comprendre dans quelles conditions ils ont mené leurs enquêtes à l'époque, et pourquoi elles n'ont apparemment rien donné.

Je commence à penser que nous sommes peut-être en train de soulever une énorme affaire. Et en plus, nous sommes seuls à enquêter véritablement puisque personne ne semble croire à la réalité des disparitions. L'avenir proche nous donnera raison.

Stéphane Munka : les disparues ont enfin un visage !

Pierre Monnoir a pu se procurer les clichés ! De mauvais tirages de Photomaton, où nos disparues ne sont pas forcément à leur avantage, mais des photos quand même. C'est mieux que rien ! Nous allons enfin savoir à quoi ces filles ressemblent. Et les téléspectateurs pourront également se faire une idée, et peut-être même se souvenir d'un visage, d'une expression, d'une silhouette... Christine Marlot a le sourire enjôleur et une coupe de cheveux à la mode. Ça colle à ce qu'on m'avait dit d'elle. Chantal semble perdue derrière ses lunettes. Bernadette louche, mais le visage est régulier. Seule Madeleine est différente, plus épaisse, moins avenante.

Quand je les montre à toute l'équipe de la rédaction, qui se passionne pour l'enquête, personne ne fait de réflexion sur le look improbable de certaines d'entre elles. Les expressions sont plutôt graves. Tout le monde commence à penser que nous avons débusqué le scoop qui fait rêver tout journaliste !

Je livre la moisson des photos que je viens de récupérer à Jacques Pradel et Jean-Marie Perthuis, qui les regardent avec attention. Je sens chez eux une certaine tension. Eux aussi prennent mon histoire très au sérieux. Ils sont très satisfaits d'avoir des clichés à diffuser au cours de l'émission. Ils savent l'importance de ce genre de document pour une émission de télévision.

Ces portraits « humanisent » nos disparues, les font sortir de l'anonymat.

Jacques Pradel : coup de théâtre

Jean-Marie me prévient à l'instant qu'il y a du nouveau dans l'enquête, et même un énorme rebondissement. Réunion de crise urgente et confidentielle, dans son bureau. Que s'est-il passé ? Stéphane, comme convenu, a rappelé la gendarmerie locale pour demander si le nom d'Émile Louis avait déjà été évoqué dans le passé, à propos des disparitions de jeunes femmes à la fin des années soixante-dix. Coup de chance, il a posé cette question directement au patron de la Section de recherches de la gendarmerie d'Auxerre qui a accepté de le prendre en ligne. Le lieutenant-colonel D. est un homme ouvert et sympathique, habitué à travailler avec la presse. Il a promis de s'informer et de nous rappeler le plus vite possible.

Il est justement au bout du fil lorsque j'entre dans le bureau de Jean-Marie avec Stéphane. Je comprends tout de suite pourquoi on m'a annoncé un coup de théâtre. « Dites-donc, votre Émile, il est plutôt connu chez mes gars ! J'ai aussi trouvé trace de vos disparues. Et je dois vous dire qu'Il n'y en a pas quatre pour nous mais six ! » Le lieutenant-colonel poursuit : « On vient de me sortir la copie d'une enquête préliminaire qui fait bien état de six filles ayant disparu entre 1975 et 1979. Toutes pupilles de la Ddass. Il a été établi par notre enquêteur qu'à l'époque on trouvait souvent le même homme dans leur entourage : Émile Louis. On a aussi tenté de démontrer qu'il avait partie liée avec l'assassinat d'une fille, Sylviane Lesage-Durand, dont le corps a été retrouvé dans un tas de fumier sur un terrain à Rouvray. Émile Louis avait travaillé dans ce coin. En fait, il est tombé pour attouchements sexuels sur des handicapés, cinq ans fermes. Mais on n'a jamais rien pu prouver sur le meurtre ni sur les disparitions. Il a obtenu un non-lieu. D'autre part, on a été contactés il y a peu, très récemment en fait, par la gendarmerie de Montpellier qui recherchait des informations sur le même gars. Il serait de nouveau impliqué dans une affaire d'abus sexuel là-bas. Notre procédure date de 1982, elle a été bouclée la même année. »

C'est clair, concis, efficace. Nous remercions chaleureusement notre interlocuteur pour les informations importantes qu'il vient de nous confier. Faisons les comptes : sur les six disparues identifiées par la gendarmerie, trois sont communes avec les noms fournis par Pierre Monnoir : Chantal Gras, Bernadette Lemoine et Madeleine Dejust. Trois nouvelles font donc leur apparition dans notre enquête : Martine Renault, Jacqueline Weis et Françoise Lemoine qui s'avère être la sœur de Bernadette. Reste une septième disparue, Christine Marlot, que les investigations de Pierre Monnoir avaient permis de compter au nombre des disparues. L'affaire devient donc celle des « sept disparues de l'Yonne ».

Il va falloir maintenant nous atteler à creuser les personnalités de ces nouvelles disparues, tenter de retrouver leurs familles, de nouvelles photos... Par ailleurs, un de nos contacts retrouvera pour nous la copie du rapport de synthèse remis au parquet d'Auxerre au début des années quatre-vingt par un certain gendarme... Christian Jambert ! Ce contact nous en lira au téléphone de larges morceaux choisis. Nous sommes troublés, car la personne jointe au parquet d'Auxerre nous avait affirmé qu'il n'y avait aucune trace d'une quelconque enquête sur les disparitions... Que faut-il en penser ?

Grâce à cet élément capital, l'existence d'un rapport de gendarmerie remontant au début des années quatre-vingt, beaucoup de pièces du puzzle commencent à s'emboîter avec une logique implacable. Concernant Madeleine Dejust, l'enquête de Christian Jambert confirme, par exemple, qu'elle a été vue une dernière fois à la gare routière alors qu'elle devait prendre le car entre Auxerre et Villefargeau. C'est Émile Louis qui conduisait ce jour-là.

Pour Chantal Gras, le même rapport note qu'elle a disparu après avoir été raccompagnée par Émile Louis.

Bernadette Lemoine avait pour sa part été aperçue également « en compagnie d'Émile Louis et l'aurait fréquenté avant sa disparition à Auxerre ou dans sa région ». Ces affirmations du gendarme Jambert sont étayées par des témoignages recueillis patiemment au cours de l'enquête.

Quant à Martine Renault, elle avait seize ans lorsque, le 26 septembre 1979, elle a disparu de la maison d'enfants de Montmercy. D'abord considérée comme une fugue, sa disparition n'a pas tardé à devenir « suspecte ». C'est Christian Jambert qui a été chargé de l'enquête. Il n'a rien trouvé sinon, déjà, plusieurs témoignages concordants faisant état de la présence d'Émile Louis près du foyer, le soir de la disparition. Entendu pour la première fois par Jambert, Émile Louis a dit qu'il cherchait tout simplement son chien dans les parages, et il a été mis hors de cause, bien que le gendarme ait recueilli par lui-même et auprès du commissariat de police d'Auxerre des rumeurs persistantes de problèmes de « mœurs » collant à la peau du bonhomme depuis longtemps.

Jacqueline Weis, disparue le 4 avril 1977 à l'âge de vingt-quatre ans, était, elle, carrément placée chez Émile Louis par la Ddass. Extrait du rapport Jambert : « Ce dernier, censé ramener la jeune fille à la gare d'Auxerre pour qu'elle se rende à Avallon par le train, fait savoir à son épouse au retour qu'elle aurait "loupé" le train et qu'il l'aurait laissée à la gare. Il ne fournira jamais d'autre explication et cette jeune fille ne sera jamais revue. »

Enfin, Françoise Lemoine. Il s'agit de la grande sœur de Bernadette, disparue dans des conditions aussi étranges en 1975, soit deux ans plus tôt. Ses dernières traces passent par un hôtel-bar d'Auxerre, le Nicky Bar, où elle occupait une chambre réglée par... Émile Louis.

Par contre, la disparition de Christine Marlot est inconnue de l'enquête préliminaire de Jambert.

D'après la gendarmerie, toutes ces affaires seraient liées à un meurtre, celui d'une certaine Sylviane Lesage-Durand, dont le corps a été retrouvé le 5 juillet 1981.

*
**

Tout a été scrupuleusement noté dans ce rapport exemplaire. Les dates de naissance, les lieux de disparitions, le lien présumé avec Émile Louis, les noms des familles d'accueil et des instituts... Jacqueline Weis, Françoise et Bernadette Lemoine, Chantal Gras, Madeleine Dejust, Martine Renault et Christine Marlot sont désormais « les sept disparues de l'Yonne », auxquelles nous consacrerons pas moins de quatre émissions en à peine six mois, en réservant la primeur des découvertes de notre enquête au public de TF1.

Le champ d'enquête qui s'ouvre à nous, quinze ans plus tard, est énorme. Nous décidons de porter l'affaire à l'antenne dans deux mois, soit le 25 mars 1996. Deux mois, c'est le temps que nous jugeons nécessaire pour que Stéphane recoupe et, pourquoi pas, enrichisse le plus discrètement possible cette collecte miraculeuse d'informations nouvelles.

Nous décidons de cacher le plus soigneusement possible nos découvertes jusqu'à l'antenne. Nous ne dirons rien à Pierre Monnoir, ni d'ailleurs à nos propres collaborateurs. Nous ne voulons pas de fuite. Nous tenons beaucoup à l'effet de surprise. Des confidences inconsidérées qui ébruiteraient nos découvertes mettraient le dossier en danger. Grâce aux informations collectées à la gendarmerie, la balle est aujourd'hui dans notre camp.

Nous continuons à imaginer les scénarios qui expliqueraient de façon cohérente ces disparitions successives. Tueur en série ? Réseau de prostitution ? Et pourquoi ce silence assourdissant des autorités judiciaires, qui semblent utiliser tous les moyens à leur disposition pour enterrer ces vieilles histoires ? Théorie du complot ? Nous sommes abasourdis de constater que la justice auxerroise savait tout sur les disparitions et sur le rôle joué par Émile Louis depuis 1982. Pourquoi, et surtout comment, a-t-on réussi à classer et même « perdre » le rapport d'enquête de Christian Jambert ? Il en restait bien une copie quelque part puisque nous avons pu en avoir partiellement connaissance dès 1996 !

Stéphane Munka : à Auxerre, un personnage clé

L'affaire est faite. Sept jeunes filles ont disparu. Leurs routes ont croisé celle d'un même homme. Il n'en faut pas plus pour lancer notre appel au cours de l'émission.

Reste à comprendre. Pourquoi la justice, qui en savait autant que nous, n'a rien fait ? Je pars pour la première fois à Auxerre. Un simple aller-retour organisé à l'avance avec le service des archives du journal local, *L'Yonne Républicaine*. En date du 13 janvier 1982 s'étalent à la une du quotidien deux titres. « Seignelay : un conseiller municipal écroué pour une affaire de mœurs », orné d'une photographie d'Émile Louis. Et sur la même manchette : « Le cadavre de Rouvray identifié ». Extraits du premier article : « Émile Louis. Un être sadique, vicieux, pervers, qui depuis plusieurs années s'adonnait à des gestes que la morale réprouve sur des enfants mineurs. (...) Lui-même enfant de l'assistance, (...) l'individu savait donc parfaitement combien les enfants arrachés à leur milieu familial pouvaient être vulnérables. (...) Une double vie inquiétante qui n'avait pas échappé aux gendarmes de la brigade de recherches d'Auxerre, sur sa trace depuis de longs mois. (...) Malade, mais aussi dangereux. Car, derrière cette affaire de mœurs pour laquelle l'accusé semble admettre une grande partie des faits qui lui sont reprochés, se profile un dossier beaucoup plus grave qui pourrait devenir volumineux. En effet, dans le cadre d'une perquisition effectuée à son domicile, les gendarmes ont retrouvé, enfouie dans sa cave, une vieille gabardine grise et un pistolet. Des pièces à conviction bien embarrassantes, surtout lorsque l'on sait que la gabardine portait des taches de sang (...). » Le journal n'hésite pas à le présenter comme le suspect n° 1 dans une affaire de meurtre et conclut : « (...) Une rude tâche en tout cas pour M. Lopez-Terrès, le juge chargé d'instruire un dossier qui pourrait bien comporter plusieurs volumes. » Un encadré signé du même journaliste, explicite les soupçons de meurtre : « L'affaire de Rouvray, qui a connu bien des rebondissements depuis la découverte du cadavre d'une jeune femme sous un tas de fumier, en juillet dernier, semble aujourd'hui prendre une nouvelle orientation. (...) La victime a finalement été identifiée, grâce à sa dentition. Il s'agit de Mme Sylviane Lesage, née Durand, vingt-trois ans. Fait troublant, Sylviane Lesage était l'amie d'Émile Louis au moment où son mari était en prison. On dit même qu'elle était allée à la pêche avec lui du côté de Rouvray. »

De son côté, Pierre Monnoir et les membres de son association ne chôment pas. Il ne sait pas encore que nous avons maintenant sept disparues, et des éléments accablants sur Émile Louis. Mais, comme nous, il focalise sur les trois affaires Dunand, Charrier et Louis, et nous fait rencontrer certaines personnes « qui ont des choses à dire »... Et « on » nous dit que des ramifications incroyables semblent pouvoir lier ces affaires les unes aux autres. Il y a par exemple une rumeur qui prétend que Nicole Charrier aurait été vue aux alentours du pavillon des Dunand à Appoigny. Certains habitants d'Auxerre ont suivi le premier procès en correctionnelle d'Émile Louis : ils se souviennent que cette même Nicole Charrier avait déposé au tribunal comme témoin de moralité, à décharge donc. D'autres témoignages indiquent que le défenseur d'Émile Louis était une sommité parisienne, avocat, entre autres, du journal *Libération*. Comment un simple chauffeur de car avait-il pu s'offrir les services d'une telle pointure ? Qui avait réglé les honoraires ? Vérités ou rumeurs ? Il faudra vérifier chaque point et ne faire état, à l'antenne, que de ce qui aura pu être vérifié de façon formelle. Pour l'instant, nous nous contentons de recueillir tous ces propos : nous verrons plus tard ce que nous en ferons.

Je voulais également réunir le maximum de renseignements sur Pierre Charrier, son itinéraire professionnel et tout ce qui pouvait expliquer son poids incontestable dans la région : Pierre Monnoir a appris qu'il avait été assesseur au juge pour enfants au tribunal d'Auxerre jusqu'en 1979. Une position stratégique pour repérer les mineurs à problèmes ! Le vice-président de l'Adhy précise que celui qui a succédé à Charrier à ce poste après 1979 est un certain Jacques

Moreau. Un nom qui me dit quelque chose parce qu'il a déjà été cité dans l'affaire d'Appoigny. Une source nous avait dit, à l'époque, que Moreau dînait précisément avec le procureur quand ce dernier avait appris l'affaire, et que tous deux s'étaient rendus sur place, dans le pavillon des Dunand. Pourquoi Moreau serait-il venu sur place ? À quel titre ?

Peu de temps après, c'est le lieutenant-colonel D. qui me parle à nouveau de cet homme en termes tout à fait flatteurs. Le patron de la Section de recherches de la gendarmerie d'Auxerre avait promis de nous aider à retrouver le gendarme Jambert, l'auteur du fameux rapport d'enquête préliminaire dont nous ne connaissions à l'époque que des extraits. Nous désirions entrer en contact directement avec Christian Jambert, mais personne ne savait au juste où il était, ou ne souhaitait nous le dire. Il avait quitté la section d'Auxerre pour des raisons sur lesquelles nous reviendrons plus tard. Le lieutenant-colonel D. s'était renseigné auprès de ses « gars » et on lui avait conseillé de se rapprocher d'un des amis intimes de Jambert : Jacques Moreau, commerçant dans le centre d'Auxerre. Comme on va le voir, le tuyau était bon, et même capital. Je vérifie que Moreau est bien référencé au tribunal de commerce et je l'appelle : « Je connais très bien cette affaire, répond l'homme. Il vaut mieux que l'on se rencontre. » J'y serai dès le lendemain.

Jacques Pradel : l'affaire se complique...

Jacques Moreau est un commerçant auxerrois peu ordinaire ! J'apprends par Stéphane qu'il est le petit-fils de Jean Moreau, pilote de chasse pendant la Première Guerre mondiale et Compagnon de la Libération. Le petit Jacques naît et grandit dans une famille proche du pouvoir politique, car son grand-père devient ministre de l'Air en 1946, puis maire d'Auxerre de 1947 à 1971. Issu de cette bourgeoisie locale, Jacques Moreau est destiné à reprendre la chocolaterie familiale. Mais le destin en décidera autrement. Trompé par des investissements peu rentables, le père de Jacques dilapide en partie la fortune familiale.

Jacques finit par ouvrir une boutique de vêtements pour dames au bout de la rue principale d'Auxerre. Il veut, sinon redorer le blason familial, du moins réussir dans la vie, à son propre compte. Débonnaire, sympathique, il aime être invité aux meilleures tables, il aime aussi la fréquentation des gens de pouvoir. Parmi ses amis proches, on compte des substituts du procureur, des petits industriels locaux, des pontes de la gendarmerie ou de la police urbaine. Ce sont d'ailleurs ces derniers qui le solliciteront pour prendre le poste d'assesseur au juge pour enfants, en 1979, lorsque Pierre Charrier démissionnera. Il occupera cette fonction jusqu'en 1994.

Au cours de ses multiples rencontres, Jacques Moreau sympathise avec un simple gendarme, Christian Jambert. Ce dernier avouera trouver du plaisir à fréquenter un homme si ouvert d'esprit. Car Christian Jambert, trop pénétré par son travail de gendarme, ne trouve guère d'attraits à la vie civile. Il n'a pas beaucoup d'amis véritables. Christian et Jacques aiment à boire un verre ensemble et bavarder longuement jusqu'au bout de la nuit. C'est à cette époque que Jacques Moreau éprouve un véritable coup de foudre pour une jeune fille de dix-huit ans sa cadette, Béatrice Binoche. Marié et père de deux filles, il divorce pour s'investir totalement dans cette nouvelle relation. Mais Béatrice n'est pas libre. Elle est très proche d'un personnage assez peu recommandable, René X., propriétaire d'une boîte de nuit de la région. On dit qu'il cultive de solides amitiés dans le « milieu » parisien, et il est soupçonné de verser dans le proxénétisme.

Malgré ce concurrent de poids, Jacques emporte l'amour de Béatrice. Ils vivront ensemble jusqu'en 2002, année de leur séparation. Si j'accorde une telle attention à l'histoire personnelle de Jacques Moreau, c'est parce que les hasards de la vie vont faire de lui un personnage central de notre histoire de disparues : un homme qui est devenu l'ami du gendarme Christian Jambert, mais aussi quelqu'un qui a connu de très près Émile Louis. En effet, cette Béatrice dont il tombe amoureux est la fille de Gilberte Binoche, qui a divorcé d'un certain Jean Leménorel en 1977 pour vivre avec son nouvel amant, Émile Louis...

On aura compris que Jacques Moreau, amoureux de la fille de Gilberte, se rend fréquemment chez elle et qu'il est donc amené à y croiser Émile Louis. Les deux hommes ne s'apprécient guère. La raison principale en est l'intérêt un peu trop marqué qu'Émile Louis porte à Béatrice : Jacques Moreau le soupçonne d'avoir eu des vues sur sa nouvelle compagne Béatrice dès qu'il est devenu le concubin de Gilberte. Émile Louis est-il seulement un séducteur, ou bien un obsédé sexuel ?

Nous connaissons tous la réponse à cette question. D'ailleurs, chez Gilberte, Jacques Moreau rencontre aussi les enfants de la Ddass qu'elle élève. Nourrice agréée, Gilberte a la charge de trois enfants, dont une certaine Annie V., âgée de dix ans en 1979. Un jour, cette petite fille se plaint à Béatrice, en qui elle a confiance, d'attouchements que lui ferait subir Émile Louis. Béatrice, qui ne sait comment aborder le problème, en touche un mot à Jacques qui avertit à son tour son ami Christian Jambert, le gendarme. Celui-ci lui conseille de faire déposer une plainte en justice, mais lorsqu'il en parle à Annie, la petite fille se rétracte, et ses révélations antérieures seront mises sur le compte de l'affabulation. Mais on saura très vite qu'elle disait bien la vérité. C'est un banal accident de la route qui fera éclater l'affaire. En effet, quelque temps plus tard – nous sommes toujours en 1979 –, la voiture, dans laquelle se trouvent Gilberte Binoche, Émile Louis et la petite Annie, percute un autre véhicule. L'accident se solde par une jambe cassée pour Annie. On la transporte à l'hôpital d'Auxerre, où les médecins qui l'examinent constatent des traces de lésions sexuelles. Si invraisemblable que cela paraisse aujourd'hui, ces constatations médicales ne donneront lieu à aucune plainte officielle ni à l'ouverture d'une quelconque enquête sur les sévices sexuels dont cette enfant de dix ans a été incontestablement la victime !

Mais les médecins ont posé des questions à Gilberte. Émile Louis le sait. Sa première réaction est de prendre aussitôt rendez-vous avec Nicole Charrier pour lui exposer le problème et lui demander conseil. Plus tard, Nicole se souviendra de cette entrevue mais elle expliquera que le couple, niant tout sévice sur la petite fille, voulait en fait l'informer – on se demande encore pour quelles raisons – des « calomnies » répandues par Béatrice, la propre fille de Gilberte qui aurait mal accepté la séparation de ses parents... Une vengeance, en quelque sorte !

L'affaire n'aura donc pas de suite, dans un premier temps. Elle n'éclatera vraiment que deux ans plus tard, en 1981, à la suite d'un enchaînement d'événements qu'il est utile de rappeler ici dans leurs moindres détails.

*
**

En février 1981, Sylviane Lesage-Durand disparaît mystérieusement. Sylviane est une ancienne pupille de la Ddass, élevée elle aussi par Gilberte. Elle s'appelle maintenant Durand, du nom de l'homme avec qui elle s'est mariée et de qui elle a eu un enfant. Lesage est son nom de jeune fille. Le mariage n'est pas une réussite, Sylviane est malheureuse avec cet homme qui la bat et elle se réfugie chez son ancienne nourrice chaque fois que la tension au sein du couple est trop forte. Gilberte la considère d'ailleurs plus comme une fille adoptive que comme une ancienne pensionnaire. Les deux femmes s'aiment beaucoup. Elles ont pris l'habitude de se donner mutuellement des nouvelles au moins chaque semaine. Mais depuis ce mois de février 1981, l'ancienne pupille ne donne plus de signe de vie. Gilberte s'inquiète d'autant plus que le mari de Sylviane est alors en prison pour vol de voiture, ce qui la protège d'éventuelles maltraitances. Elle soupçonne donc quelque chose de plus grave que les habituelles crises conjugales. Connaissant les accointances de son gendre Jacques Moreau avec les gendarmes et la justice, elle lui fait part de ses inquiétudes. Jacques lui assure qu'il fera tout ce qui est en son pouvoir pour la retrouver, et en touche un mot à ses différentes relations, dont Christian Jambert, au cours de l'été suivant.

Mais le gendarme s'avère peu réceptif. Il enquête en effet sur une affaire délicate et n'a guère le temps de s'occuper de la demande de son ami. D'autant, disons-le, qu'il patauge complètement depuis plusieurs semaines. Très exactement depuis le 5 juillet, date à laquelle ont été découverts des ossements humains dissimulés sous un tas de fumier à l'intérieur d'une sorte d'appentis situé à Rouvray. Il s'agit d'un corps complet, dont l'identification se révèle très ardue. Il a sans doute été déposé dans cette cabane par des mains criminelles. Les restes sont dans un tel état de décomposition que le laboratoire scientifique penche d'abord pour un corps d'homme, avant de se prononcer finalement pour un cadavre de femme. C'est surtout la découverte de vêtements féminins qui aiguillera la police vers cette piste. Bref, Christian Jambert ne sait plus que penser de cette découverte, d'autant que la date d'enfouissement s'avère elle aussi difficile à déterminer. Plongé dans le fumier, le corps a été rongé par les acides et le laboratoire peine à établir une fourchette pour la date du décès. Deux mois ? Six mois ? La seule chose certaine, c'est que le corps a été dissimulé à cet endroit après la dernière vidange de l'appentis, en janvier selon l'agriculteur propriétaire du champ.

Le temps passe, Jambert ne progresse pas dans son enquête et le corps reste pendant plusieurs mois sans identité. Une piste, qui se révélera vaine, semble se dessiner lorsque le gendarme apprend qu'une découverte plus ou moins similaire vient d'avoir lieu dans la région de Perpignan. Les gendarmes de la région ont même arrêté un suspect. C'est un ouvrier agricole qui, fait étrange, a travaillé l'hiver précédent dans l'Yonne. L'homme passe aux aveux, avoue le meurtre pour lequel il a été arrêté et, en prime, celui de l'Yonne ! Mais il se rétracte quelques jours plus tard.

À la fin de l'été 1981, l'enquête de Christian Jambert est toujours au point mort. Un soir, Jacques Moreau l'invite à dîner. On bavarde, on boit quelques bonnes bouteilles de rosé... Depuis le début de la soirée, Jacques parle sans cesse de la disparition de « sa » Sylviane, qui n'a toujours pas été retrouvée. Il pense qu'elle ne s'est pas volatilisée de son plein gré. Il ne croit plus à la fugue. La preuve : en partant, Sylviane a confié son fils, âgé de deux ans, à sa colocataire. Il est impensable qu'elle ne soit pas revenue le chercher. Jambert le laisse parler et, de son côté, rumine ses interrogations sur l'affaire du cadavre de Seignelay. Soudain : « Et si ton cadavre, c'était ma disparue ? » lâche Moreau. En plus, c'est précisément à Seignelay, tout près de Rouvray, qu'habite Gilberte, « maman » adoptive de Sylviane. Jambert semble « sonné ». Jusqu'à une heure avancée de la nuit, les deux compères développent plusieurs théories qui ne tardent pas à les ramener à une vieille connaissance... Émile Louis !

Tous deux savent ce qui s'est passé avec la petite Annie V. Ils savent que Louis est un obsédé sexuel doublé d'un pervers pédophile. De plus, Moreau a acquis la certitude qu'Émile avait déjà couché avec Sylviane Lesage-Durand par le passé, lorsque Gilberte était absente. Christian Jambert tente bien de tempérer quelque peu les ardeurs de Jacques Moreau. Il sait que les deux hommes ne s'entendent pas. Émile Louis est un coupable bien idéal pour arranger les relations du gendre avec sa belle-mère... Jacques s'en défend. Émile, il ne l'aime pas, c'est vrai. Mais c'est précisément parce qu'il le sent capable de perpétrer un crime de ce genre ! Il est très tard, Christian note soigneusement l'identité de la disparue et rentre enfin se coucher.

Quelques jours plus tard, Christian Jambert s'est procuré le dossier médical et dentaire de Sylviane Lesage-Durand. On le compare avec l'inconnue de Seignelay. Le médecin-légiste confirme ses soupçons : il s'agit bien de la même personne !

Depuis plusieurs semaines, Christian Jambert a patiemment et méticuleusement collecté auprès de tous les services de police et de gendarmerie de l'Yonne les cas de disparitions et de fugues déclarées au cours des dernières années dans la région. Il a décidé d'entamer ces vastes recherches parce que le laboratoire médico-légal avait émis l'hypothèse que le corps de l'inconnue de Seignelay aurait pu éventuellement être déposé dans l'appentis des années après son décès. Jambert en doutait quelque peu, à cause de la découverte de vêtements féminins d'aspect récent, mais il n'avait voulu exclure aucune piste de son enquête.

Parmi les nombreux dossiers qu'il avait sélectionnés, le cas de Martine Renault lui paraît troublant. En effet, c'est lui-même qui avait traité cette disparition de mineure d'un foyer de Montmercy deux ans plus tôt, en septembre 1979. Faute d'éléments, l'affaire avait été classée sans suite. En relisant son dossier de l'époque, il retrouve parmi ses procès-verbaux d'audition celui d'un témoin qu'il avait interrogé, un certain Émile Louis ! Sa voiture, une CX, avait été aperçue dans les environs du foyer le jour de la disparition de la jeune fille. Des témoins l'avaient remarquée. L'homme avait confirmé sa présence, expliquant que pour sa part, ce jour-là, il cherchait simplement son chien qui s'était échappé.

Christian est abasourdi. Mais il lui en faut plus pour oublier la rigueur de ses principes. Durant plusieurs semaines, il épluchera tous les autres dossiers à la loupe. Cela lui permettra de retrouver un nombre important de jeunes filles déclarées en fugue, puis rentrées, sans que le procès-verbal ou la main courante aient été annulé à la gendarmerie. Fausses pistes. Mais en cet automne 1981, parmi tout ce flot de disparitions plus ou moins inquiétantes, sortent les noms de Jacqueline Weis, Chantal Gras, Madeleine Dejust et les sœurs Lemoine. Celles-là, on ne les a jamais retrouvées !

Comme Sylviane, toutes ces jeunes filles sont pupilles de l'État. L'enquête de terrain ne tarde pas à faire apparaître à Jambert que toutes connaissaient à des degrés divers Émile Louis.

Avant d'interroger son principal suspect, Christian Jambert informe René Meyer, procureur d'Auxerre, de ses investigations. Le juge d'instruction en charge de l'affaire Lesage, Patrick Lopez-Terrès, est, lui aussi, ravi par les nouvelles perspectives ouvertes par le travail de fourmi du gendarme. Il lui demande d'agir dans la plus grande discrétion. Pourtant, les événements vont s'accélérer, à cause d'Émile Louis lui-même...

Ayant échappé à toute poursuite malgré les soupçons qui pesaient sur lui en raison de son comportement envers la petite Annie, Émile Louis, vraisemblablement en proie à un sentiment d'impunité, redouble d'audace. Un soir, Annie finit par raconter à Béatrice et Jacques Moreau une véritable scène de torture qu'Émile lui aurait infligée à l'arrière de son car. Selon la petite fille, il l'aurait déguisée avec des vêtements masculins et lui aurait serré la gorge après l'avoir violé. Pour Jacques Moreau, les sévices ne font pas de doute : Annie dit la vérité. Mais nous sommes à une époque où la parole des victimes, et surtout celle des enfants, est encore loin d'être entendue par les adultes, fussent-ils policiers ou juges. Que faire ? Dénoncer Émile Louis à la justice ? Son gendre pense que la parole de la petite fille sera mise en doute et que cela ne servira à rien. Alors Jacques Moreau, qui jouit d'une influence incontestable sur Émile Louis, va exercer sur lui une sorte de chantage. On ne te dénonce pas mais tu dois te faire soigner. Tu dois t'engager à accepter un rendez-vous avec un psychologue spécialiste des questions sexuelles. Émile Louis accepte. Il sait qu'il est allé trop loin cette fois. Ses dernières violences sur Annie ne sont pas passées inaperçues. Il sait aussi que l'enquête sur le cadavre de Rouvray avance à grands pas.

Devant le psychologue, Émile Louis se livre. Il reconnaît qu'un « monstre », une « bestiole » l'habite, qu'il lui faut un décorum pervers pour parvenir à l'érection. Ses propos sont répétés à Jacques Moreau par le psychologue, qu'il connaît bien. Il s'empresse d'en informer Christian Jambert.

Seulement le gendarme n'apprécie pas la situation. Toute cette agitation autour d'Émile Louis met en péril son enquête sur le personnage. Car le parquet a été très ferme : pas de corps, pas de preuves. Si tout le monde convient que l'assassinat de Sylviane laisse présager le pire pour le destin des six autres filles disparues, un procès en assises sur de simples présomptions serait contre-productif. Émile Louis aurait toutes les chances d'en sortir blanchi. Christian Jambert passe alors ses journées et ses nuits à suivre, à épier le chauffeur de car dans l'espoir de découvrir quelque endroit secret, une cache, susceptible de receler six tombes fraîchement creusées... Mais cet espoir ne se concrétisera pas. Pour le surprendre, il aurait fallu qu'il ne se sente pas traqué, que l'on cultive son sentiment d'impunité. Ce qui va survenir bientôt soustraira Émile Louis aux « assiduités » du gendarme pour de longues années...

Car les trois autres enfants de la Ddass placés chez Gilberte Binoche vont parler à leur tour et se plaindre des attouchements qu'Émile Louis leur ferait subir.

C'est grâce à la petite Annie. que la parole de ces enfants va enfin se libérer. Depuis que Jacques Moreau a pris un certain ascendant sur le foyer, les trois garçons et filles de la Ddass placés chez Gilberte Binoche se sentent mieux protégés et parlent à Annie. Ils racontent des doigts dans les fesses, des caresses sur le sexe. Annie en parle à Béatrice, qui en parle à son compagnon. Cette fois, les faits sont trop graves pour qu'on les passe sous silence. Jacques Moreau informe Christian Jambert, une plainte du parquet est constituée à la mi-décembre 1981. La gendarmerie patientera pourtant jusqu'au 28 pour procéder à l'arrestation d'Émile Louis. La raison invoquée pour ce retard paraît indécente aujourd'hui, mais elle est représentative de l'état d'esprit de l'époque : il s'agissait tout simplement de laisser aux enfants l'occasion de passer un dernier Noël en famille. Quelle « famille », pourtant !

Placé en garde à vue, Émile Louis nie d'abord tout en bloc. Mais la mention du contenu de ses confessions au psychologue modifie son attitude. Il explique alors qu'il a en lui une « bête », une « bestiole » qui le pousse à agir et à laquelle il ne peut pas résister. L'interrogatoire est mené par Christian Jambert qui espère le pousser dans ses retranchements et lui faire avouer, peut-être, autre chose que les attouchements dont les enfants ont été victimes. Émile Louis a fini par reconnaître les faits. En continuant à le harasser, à le harceler, peut-être va-t-il craquer pour de bon et reconnaître les crimes dont le gendarme le soupçonne d'être l'auteur...

Mais c'était compter sans l'arrivée de l'avocat de garde qui, ce jour-là, est le bâtonnier de l'ordre... Se sentant protégé, Émile Louis se tait. L'avocat insiste sur l'absence de preuves matérielles dans le dossier. Plus tard, Jambert conviendra qu'il a eu tort de faire feu de tout bois pour alimenter ses questions. Il souhaitait tellement confondre Émile Louis qu'il a mené un interrogatoire brouillon, passant de l'assassinat de Sylviane aux disparitions suspectes pour en revenir à la question des attouchements sur les mineurs...

Dans les jours qui suivent, René Meyer, le procureur de la République d'Auxerre, prend la décision de scinder le cas Émile Louis en trois dossiers bien distincts. Le premier couvrira les « attouchements sur mineurs de quinze ans », formule juridique englobant les enfants jusqu'à l'âge de quinze ans ; le second, l'assassinat de Sylviane Lesage-Durand ; le troisième, les six disparitions suspectes.

Émile Louis sera jugé en 1984 uniquement pour les attouchements sur mineurs. Il sera condamné à six ans d'emprisonnement assortis d'une interdiction de séjour dans le département de l'Yonne. Rejugé en appel le

14 décembre 1983 par la cour d'appel de Paris, il verra sa peine réduite à quatre ans.

Qu'est-il advenu des deux autres dossiers ? Jacques Moreau nous dit qu'Émile Louis a bénéficié d'un non-lieu pour le meurtre de Sylviane Lesage-Durand, faute d'éléments matériels, mais il refuse d'aller plus loin. S'agissant des autres disparues que nous voulons évoquer dans « Perdu de vue », il préfère que Christian Jambert nous en parle lui-même directement. Malheureusement pour nous, quand nous contactons celui-ci par téléphone, il refuse pour l'heure de nous rencontrer. Il nous promet cependant de regarder l'émission que nous allons bientôt consacrer à son « troisième dossier », celui des « sept disparues de l'Yonne »...

Stéphane Munka : les reportages de « Perdu de vue »

Avec Jean-Marie Perthuis, nous listons les reportages à réaliser. C'est la première fois que je pars en tournage, alors on m'adjoint Bruno Van der Haegen, un cameraman très apprécié dans notre petite équipe. Nous discutons longtemps ensemble de l'opportunité de mettre en lumière ou non les affaires Charrier et Dunand. Ce que nous savons maintenant de l'histoire d'Émile Louis nous incite à ne faire aucun amalgame entre ces trois affaires. Mais peut-on faire l'économie de cette hypothèse ? Après tout, Émile Louis travaillait en étroite collaboration avec les époux Charrier, et cc sont des jeunes filles de la Ddass et de l'Apajh qui ont été séquestrées à Appoigny. La grande force de notre émission résidant dans son interactivité avec les téléspectateurs, évoquer ces affaires peut provoquer de nouveaux témoignages. D'un autre côté, on peut se demander si l'évocation de ces pistes ne brouillera pas le récit d'une affaire déjà bien compliquée à suivre dans tous ses méandres. Le téléspectateur ne sera-t-il noyé dans cette accumulation de récits ?

Nous décidons finalement de ne pas nous fermer cette porte pour l'instant. Tournons les images et nous verrons ensuite s'il est nécessaire de diffuser cette partie de l'enquête. À l'instar de Pierre Monnoir, nous convenons qu'il existe bien une sorte de « triangle des Bermudes » icaunais, un véritable « mystère de l'Yonne » : comment expliquer un si grand nombre de disparues, toutes issues de la Ddass, sans que les institutions – à l'exception notable de Jambert, un simple maréchal des logis – n'y trouvent des motifs d'inquiétude ? Mais le patron de la Section de recherches de la gendarmerie d'Auxerre, à qui nous nous ouvrons de ces interrogations, n'est pas de notre avis. Ayant bourlingué, au cours de sa carrière, aux quatre coins de l'Hexagone, il ne trouve pas notre affaire si exceptionnelle. Et il se méfie des amalgames. Quant à une éventuelle interview filmée par notre équipe, il se refuse à témoigner devant la caméra. Son rôle de chef de section de recherches n'est pas de commenter publiquement les différentes affaires qui se sont produites dans l'Yonne. Il nous fait aussi remarquer que l'affaire que nous allons évoquer est bien antérieure à son arrivée dans la région. Nous comprenons sa position. Il n'y aura donc pas de participation des gendarmes aux reportages de « Perdu de vue ».

D'autres personnes également sollicitées refusent de nous recevoir pour un entretien filmé. Aucun représentant du parquet d'Auxerre – où l'on dément pourtant depuis le début l'existence de traces judiciaires dans les archives –, n'accepte notre invitation à participer au direct. Même refus de la part de Georges Decuyper, à qui nous proposons simplement de donner son point de vue, à savoir que, pour lui, il n'y a pas de disparitions suspectes... Nous ne pouvons pas être plus royalistes que le roi ! Puisque les éventuels témoins à décharge se défaussent, nous ferons part aux téléspectateurs de leur refus d'intervenir dans l'émission et nous donnerons la parole aux autres !

Des rendez-vous sont pris dans la région pour un reportage avec Gisèle Gras et Renée Maudier, respectivement mère et nourrice de Chantal Gras ; Marie Julien, sœur de Madeleine Dejust ; l'incontournable Jacques Moreau... et le nouveau propriétaire du pavillon d'Appoigny.

En trois jours de présence sur place, les rendez-vous s'enchaînent. Le plus tardif sera avec Gisèle Gras.

Arrivés chez elle vers dix heures du soir, nous réveillerons les voisins afin de nous procurer une lampe halogène pour éclairer suffisamment le visage de notre témoin...

L'antenne est pour le lundi suivant.

– II –

À L'ANTENNE ET ALENTOUR

Jacques Pradel : l'émission du 25 mars 1996

Le moment est enfin venu de rendre publique l'affaire des disparues de l'Yonne, sur laquelle nous enquêtons depuis plus de six mois. Nous décidons de présenter les faits dans le cadre de la séquence « Les oubliés », qui convient parfaitement aux éléments dont nous disposons. Car il faut bien dire que ces disparitions ont été « oubliées » par tous ceux qui auraient dû réagir et mener l'enquête pour savoir ce qui s'était vraiment passé. Jeanne Beaufumé et Pierre Monnoir, les représentants de l'Association de défense des handicapés de l'Yonne, sont sur le plateau, intimidés mais aussi déterminés à révéler – enfin – à un large public les événements sur lesquels ils nous ont alertés. Ils savent déjà que sur les cinq dossiers de disparition qu'ils nous avaient transmis, il n'en reste plus que quatre puisque nous avons retrouvé l'une des jeunes filles (Katia Chandelier). Ils ne savent pas encore que, dans un instant, j'affirmerai que le nombre réel des disparues de l'Yonne s'établit désormais à sept. Nous le savons, de façon certaine, grâce aux progrès de notre enquête et aux informations que nous a communiquées la gendarmerie.

Dès le début de leur intervention, ils font part de leur grande inquiétude sur le sort des disparues, et ils insistent sur la nécessité de venir en aide aux personnes handicapées dont beaucoup sont sans famille. Ces pupilles de la Ddass, fragilisées par leur histoire personnelle et par leur handicap, doivent, disent-ils, être protégées par la société et les institutions qui en ont la charge.

Pierre Monnoir rappelle que les responsables et les éducateurs spécialisés sont, pour quatre-vingt-dix-neuf pour cent d'entre eux, des personnes estimables qui accomplissent un travail remarquable, mais que, comme dans tous les secteurs de la société, il y a malheureusement des brebis galeuses qu'il faut sanctionner. Dans le cas contraire, il ne faut pas s'étonner que des familles hésitent à confier leurs enfants à ces centres autour desquels courent de nombreuses rumeurs de mauvais traitements, voire de sévices sexuels.

Pour notre part, nous rappelons objectivement la position des autorités qui nient le problème, se plaignent de ces rumeurs infondées et disent à qui veut les entendre qu'il n'y a rien dans les dossiers, et que cette affaire a été montée de toutes pièces par des journalistes en mal d'audimat et de notoriété !

J'ajoute cependant que l'enquête de « Perdu de vue » nous autorise dès maintenant à corriger ces propos rassurants, et j'annonce aussitôt au public que nous avons déjà retrouvé l'une des disparues dont on nous avait signalé le cas. Il s'agit de Katia Chandelier, qui est rentrée dans sa famille. Plus d'inquiétude donc à nourrir en ce qui la concerne. Mais Katia nous parle spontanément d'une de ses amies de l'époque, Madeleine Dejust, qui, elle, n'est jamais réapparue. Je révèle alors que les disparues sont au nombre total de sept. Leurs noms, et les photographies dont nous disposons pour certaines d'entre elles, apparaissent aussitôt sur l'écran. Surprise majeure des deux représentants de l'Association de défense des handicapés qui ne s'attendaient pas à un tel coup de théâtre. Venus avant tout pour fustiger l'institution qui avait hébergé quatre des jeunes filles, ils apprenaient que d'autres disparitions étaient intervenues dans d'autres lieux, à d'autres époques...

C'est aussi le moment de diffuser les premiers éléments recueillis sur place, qui confirment la réalité objective de l'affaire ainsi que le contexte inquiétant dans lequel elle s'inscrit : le drame d'Appoigny, qui a débouché sur une condamnation à perpétuité, et les condamnations de deux personnes à cinq et six ans de prison dans le cadre d'affaires d'attouchements sexuels et de viols. Les auteurs sont des individus évoluant dans l'entourage des handicapés mentaux. Ces éléments sont portés à la connaissance du public par Jacques Moreau, qui précise les trois points communs qui relient, à ses yeux, toutes les disparitions mystérieuses : des jeunes filles placées sous la tutelle de la Ddass, toutes handicapées mentales, toutes âgées de dix-sept à dix-neuf ans. Il ajoute que plusieurs disparues (on verra plus tard que c'était malheureusement le cas des sept) avaient en commun la fréquentation d'un chauffeur de car local (dont il ne précise pas l'identité), dernière personne à les avoir vues ou transportées avant qu'elles ne se volatilisent.

Ces propos sont renforcés par le témoignage de la sœur de Madeleine Dejust, ainsi que de la mère et de la nourrice de Chantal Gras. Elles aussi parlent de l'attitude de ce chauffeur de car. Elles ont été étonnées, à plusieurs reprises, que cet homme ait eu l'air de savoir que les disparues ne reviendraient jamais... Toutes ont signalé les disparitions à la gendarmerie. Des enquêtes officielles ont bien eu lieu à l'époque. Mais personne ne leur a jamais plus rien dit par la suite.

Pierre Monnoir rappelle, en fin de séquence, que quatre des disparues ont transité par la même institution : celle des époux Charrier, qui ne sont pas nommés.

Bilan de cette première émission : nous sommes passés de quatre à sept disparues, dont on est toujours sans nouvelles depuis plus de quinze ans. Les disparitions ne sont pas des rumeurs. Des enquêtes de gendarmerie ont été déclenchées à l'époque. Les affaires de mœurs se sont multipliées dans la région depuis une vingtaine d'années. La plupart de nos interlocuteurs nous ont spontanément parlé du chauffeur de car qui semble faire le lien entre toutes les disparues. On est loin de la demande initiale de Pierre Monnoir ! Nous sommes fiers de montrer à cet homme courageux que son intuition de départ était fondée et qu'il a eu raison de s'adresser à nous.

Je termine l'émission par un appel au public : quelqu'un a-t-il connu ou vu l'une de nos sept disparues ? Peut-on nous apporter des témoignages sur les circonstances de certaines de ces disparitions ? Nous rappelons notre adresse et le numéro de téléphone de SVP, dans l'espoir d'obtenir de nouvelles pistes d'enquête.

Stéphane Munka : des témoignages de toutes sortes

SVP 11-11. C'était déjà le numéro de téléphone des « Dossiers de l'écran » d'Armand Jammot, un numéro mythique que le téléspectateur assidu, aux glorieuses heures de l'ORTF, pouvait joindre pour s'exprimer en direct. Des relents d'enfance.

Ce soir de mars 1996, c'était à moi d'être derrière le standard. Le bâtiment en briques rouges du fameux serveur téléphonique avait depuis longtemps pris ses quartiers derrière le périphérique parisien, à Saint-Ouen, tout près du studio de la Plaine-Saint-Denis où Jacques présentait en direct l'émission. Chaque mois, l'équipe de « Perdu de vue » investissait les lieux le temps d'une soirée. Une vingtaine de standardistes, spécialement embauchés pour la circonstance, inscrivaient sur des imprimés-types tous les témoignages parvenus au standard et nous les faisaient passer par écrit, afin que nous fassions notre choix. Les appels des téléspectateurs répondant à nos avis de recherche avaient, depuis le début de l'émission, largement démontré leur efficacité. Rares étaient les plaisantins qui tentaient de se faire passer pour nos disparus, et jamais l'un d'entre eux n'avait passé les fourches caudines de l'équipe des journalistes de l'équipe présents sur place. Nous détenions des informations que nous ne diffusions pas à l'antenne, des noms, des lieux, des dates de naissance, des éléments uniquement connus par les proches de nos disparus. Bref, toute une série de filtres que nous avions mis en place et qui s'étaient toujours révélés d'une très grande efficacité.

Le premier appel lancé par Jacques a produit une moisson abondante.

Comme d'habitude, nous parviennent en quelques instants plus de cent témoignages de téléspectateurs certains d'avoir aperçu, en toute bonne foi et le jour même, l'une ou l'autre de nos disparues... Nos détracteurs avaient beau jeu de brocarder l'émission en montrant du doigt le peu de sérieux de certains appels. Nous ne les avions pas attendus pour constater ce phénomène qui se produit systématiquement lorsqu'un appel à témoins est lancé, que ce soit par voie de presse, de radio ou de télévision. Les policiers qui connaissent bien ce mécanisme continuent pourtant à se servir de cet outil régulièrement. Ils savent, comme nous, qu'en faisant le tri des appels fantaisistes, des renseignements capitaux peuvent leur parvenir. Le traitement de ces appels est long et fastidieux mais le jeu en vaut la chandelle. Le standard SVP nous a souvent permis de résoudre en quelques instants des énigmes parfois très anciennes.

Parmi tous les témoignages reçus ce soir-là, certains ont néanmoins une importance capitale. Pour Chantal Gras, c'est le frère et la marraine de la jeune femme qui se manifestent, nous confirmant que Chantal a bel et bien disparu corps et âme en 1977. Nous recevons aussi l'appel d'une Micheline Seigneur, que nous identifions rapidement comme étant la fameuse amie tant recherchée de Chantal. Son témoignage à propos d'Émile Louis comme de Pierre Charrier est si riche que, plutôt que de la passer en direct à l'antenne, nous convenons d'un rendez-vous dans la semaine qui suit.

Je suis également contacté, d'une manière étrange, par un homme qui prétend téléphoner de prison. Il ne dévoile pas son nom mais sa déclaration a de quoi laisser perplexe. Il raconte que, durant la diffusion du reportage, lorsque nous évoquions à mots couverts l'assassinat de Sylviane Lesage-Durand, un homme s'est mis à pleurer dans la salle commune de télévision. Le prisonnier qui nous appelle serait, en fait, un compagnon de cellule du mari de Sylviane ! À l'évocation du « chauffeur de car » – dont nous n'avions pas révélé le nom –, l'ancien compagnon de Sylviane aurait lâché entre deux sanglots : « C'est le mec qui a tué ma femme. » Mais malgré tous nos efforts, nous ne pouvons joindre notre mystérieux correspondant. Le numéro de téléphone qu'il a communiqué se révèle faux. Ce témoignage donné avec un grand accent de vérité sera donc impossible à exploiter. L'ex-mari de Sylviane Lesage-Durand n'a jamais pu être entendu sur ce point : il est décédé quelques mois plus tard.

Avec le recul du temps, nous pensons que l'auteur de l'appel était certainement un gardien de la prison – et non pas un compagnon de cellule –, qui a voulu nous alerter sans dévoiler son identité pour ne pas avoir de problèmes ultérieurs avec son administration.

Autre appel important, celui de Rolande Carroué. Elle est la sœur de Martine Renault, une des trois disparues inconnues de Pierre Monnoir jusqu'à ce soir.

Une fois encore, le témoignage est si riche que nous décidons d'une rencontre plutôt que d'une intervention durant l'émission, bien que Rolande, séparée de Martine depuis la naissance, n'ait jamais connu sa sœur. Elle se souvient cependant très bien que des gendarmes sont venus la trouver entre 1978 et 1980 pour recueillir sa déclaration à propos de la disparition de sa sœur. C'est encore une fois la confirmation que les gendarmes se sont bien occupés de ces disparitions, que des enquêtes ont eu lieu.

Derniers témoignages importants recueillis au standard SVP, ceux d'une cousine puis du frère d'une autre disparue : Christine Marlot.

Signalée par Pierre Monnoir et Jeanne Beaufumé, Christine est la seule à ne pas apparaître dans le rapport d'enquête préliminaire de Christian Jambert. Martine Marlot, sa cousine, nous appelle donc ce soir-là avec un témoignage formel : entre la fin de l'année 1980 et le début de l'année 1981, Christine et elle se sont croisées et se sont dit bonjour. S'il faut croire ce témoignage, Christine aurait donc été formellement aperçue et reconnue à une époque où Émile Louis aurait peut-être été déjà hors d'état de nuire. Cette fourchette de dates correspond en effet à la première condamnation du chauffeur de car pour attouchements sexuels sur mineurs : il avait été condamné à six ans de prison, nous avions vérifié qu'il avait réellement effectué trois ans de cette peine.

Martine donne des précisions sur l'histoire de la famille : « Ma mère et sa sœur, la mère de Christine, étaient prostituées. Jusqu'en 1977, j'ai beaucoup vu Christine, qui était une jeune fille caractérielle, mais pas handicapée. Elle aimait la liberté, fuguait souvent. Si elle était attardée, c'était seulement d'un point de vue scolaire. » L'interlocutrice paraît fiable, s'exprime parfaitement et précisément. Elle peine à décrire les circonstances de la dernière rencontre avec sa cousine : « Très maquillée, habillée court, peut-être vivant dans la rue... Elle devait se prostituer aussi occasionnellement. » Martine connaît très bien la vie d'Auxerre et le prouve : « Moi, je vois plutôt l'affaire du chauffeur de car, Émile Louis *[nom que nous n'avions pas cité à l'antenne]*. J'ai habité dix ans près des Rapides de Bourgogne, la société qui l'employait. Jamais je n'aurais cru ça de lui, mais il ne faut s'étonner de rien. »

Le témoignage de Martine me laisse d'autant plus perplexe que quelques minutes plus tard c'est Jean-Pierre Marlot, le frère de Christine, qui nous téléphone. Il est formel : « Je l'ai revue, par hasard, entre 1982 et 1984. Depuis, plus rien. » Le cas Christine doit-il être séparé de celui des autres disparues que nous recherchons ? Sa disparition est-elle à mettre sur le compte du milieu qu'elle semblait fréquenter à l'époque ? Nous tenterons d'éclaircir ce point plus tard.

Pour l'heure, nous sommes obligés de constater que si de nombreuses personnes de l'entourage proche des disparues se sont bien manifestées, aucune de nos sept disparues n'a téléphoné à l'émission pour nous assurer être en vie. Le mystère reste entier.

Jacques Pradel : les premières attaques contre l'émission

Le 27 mars 1996, soit deux jours après l'émission, nous découvrons l'article que *L'Yonne Républicaine* nous consacre. Aucun de nos confrères parisiens n'avait jugé utile de consacrer un article à notre travail, mais Hubert Besson, journaliste à *L'Yonne Républicaine*, signe un papier très dur contre notre émission. Il nous accuse d'avoir monté en épingle une série de faits divers et d'avoir voulu créer un lien artificiel entre toutes ces affaires. Voici ce qu'il écrit : « Plusieurs femmes placées par la Ddass ont disparu dans l'Auxerrois entre 1977 et 1979. TF1 a tenté d'établir un lien entre ces disparitions. Rien ne permet de l'affirmer. » Il continue en assurant que « depuis quelques mois, des rumeurs sans fondement circulent sur les prétendues raisons de leurs disparitions ». Le garçon y va un peu fort. On dirait qu'il n'a tout simplement pas vu notre émission de la semaine précédente !

Au passage, on retrouve une interview du lieutenant-colonel D. et du procureur de la République Jacques Cazals. Ce dernier affirme qu'il a pour sa part dénombré cinq disparitions : « Mais il faut savoir qu'elles sont intervenues entre 1977 et 1979. Pourquoi, dès lors, faire un rapprochement entre elles ? » Aucune place n'est accordée, dans cet article, à une investigation quelconque de la part de son auteur.

L'Yonne Républicaine a donc choisi de donner plutôt le point de vue de ceux qui ont refusé de participer à notre émission, malgré notre invitation.

Cette persistance des autorités judiciaires et gendarmesques à nier tout lien entre ces différentes affaires commence à nous étonner, compte tenu des avancées de notre enquête personnelle. Rien ne semble pouvoir les faire varier dans leur opinion. On comprend mieux, en tous cas, que l'affaire des disparues ait mis autant de temps à sortir du silence... Dans le fond, ce qui nous scandalise dans cet article n'est pas tant l'hostilité du journaliste que l'attitude, réaffirmée, des autorités. Nous voilà détenteurs d'informations pour le moins inquiétantes sur un présumé tueur en série, sur de probables assassinats de jeunes filles handicapées mentales : et jamais la justice, la Ddass, ni même la gendarmerie ne se sentent concernées ! Loin d'admettre, a minima, qu'il y aurait peut-être matière à relancer une enquête officielle par le biais de l'ouverture d'une information judiciaire (ce qui est dans les compétences du ministère public et que nous réclamons), ces responsables départementaux préfèrent alimenter la calomnie sur le sérieux de notre travail et nous accuser de sensationnalisme...

Les dirigeants de l'Apajh et certains magistrats d'Auxerre auront droit, des années plus tard, à de sévères réprimandes, venues du plus haut niveau de l'État, pour avoir fermé les yeux sur les agissements d'Émile Louis, n'avoir pas tenu compte de l'enquête de Jambert, et, disons-le clairement, ne pas avoir fait leur travail. Le citoyen et le journaliste que je suis y a vu la justification d'un engagement personnel mais aussi la reconnaissance tardive des mérites de notre travail au service de la manifestation de la vérité.

Le seul point positif de cet article, finalement, était de nous indiquer la marche à suivre pour l'avenir. En prouvant que ces sept jeunes filles avaient réellement disparu, nous avions obtenu une première victoire. Personne ne pouvait le contester. Sur ce point au moins, la rumeur n'était plus une rumeur mais un fait. On nous mettait au défi de prouver que les disparitions étaient liées : c'est l'objectif que nous allions désormais nous fixer pour la suite de notre enquête.

Stéphane Munka : nouveaux témoignages

Retour à Auxerre. Rendez-vous est pris avec toutes les personnes crédibles qui se sont manifestés à SVP le soir de l'émission, pour les filmer. Micheline Seigneur nous reçoit chez elle. Sœur de lait de Chantal Gras durant de nombreuses années, elle se souvient avec émotion de cette époque. Plus que des amies, elles étaient de vraies sœurs. Toujours fourrées ensemble, malgré leur différence d'âge, elles allaient souvent le dimanche dans des fêtes de village, accompagnées du copain de Chantal : Émile Louis. Encore lui ! Quand Chantal a disparu, Micheline a eu un choc. « Chantal n'était pas une handicapée mentale très atteinte, mais c'est vrai qu'elle était toujours dans la lune, qu'elle ne se rendait pas compte de tout. Je suis tout à fait au courant de sa disparition. Au départ, j'ai pensé à une fugue, comme tout le monde, parce qu'elle n'aimait pas l'école. Elle voulait être coiffeuse. On ne l'orientait pas du tout vers ce métier mais plutôt vers des activités qu'elle n'aimait pas, comme le ménage. » Et elle ajoute : « Si elle n'aimait pas l'école, c'est surtout parce qu'elle ne s'entendait pas du tout avec monsieur Charrier. Elle me racontait que c'était un "vicelard". Elle disait qu'il rentrait dans les douches des filles, qu'il en profitait pour les toucher. » À la fin de son témoignage, elle fait part de son inquiétude : « Avec le temps, toujours sans nouvelles, je me suis dit qu'elle ne serait pas partie sans essayer de m'en parler. Elle me manque... »

Avec Bruno, le caméraman de TF1, nous rencontrerons encore d'autres familles, et des nourrices comme madame Bulcourt (la logeuse de Madeleine Dejust) qui, elle aussi, nous fait part de ses soupçons : « Nous, on a toujours su que c'était Émile Louis. Il était mielleux, il parlait mal. On ne l'aimait pas. C'est bien plus tard qu'on a rencontré le gendarme Jambert, qui faisait son enquête. Émile Louis était sur sa liste de suspects. »

Nous enregistrons également le témoignage de Rolande, la sœur de Martine Renault. Comme beaucoup de personnes issues de la Ddass, elle n'a jamais connu sa fratrie. Elle pleurait au téléphone lorsqu'elle nous a contactés par SVP. Évoquer cette sœur qu'elle n'a jamais vue est difficile mais elle accepte d'être filmée pour le prochain « Perdu de vue ». Comment pouvait-elle imaginer être un jour directement concernée par une émission de télévision ? Rolande a grandi à la Ddass, comme ses huit frères et sœurs, tous séparés à la naissance. Elle n'a pas de racines, aucune idée de son ascendance, et n'a connu qu'un frère, qu'elle n'a pas revu depuis quelque temps. Mère heureuse, aimée par son mari, elle connaît la valeur d'une famille. Rolande a de l'éducation, des sentiments. Rolande s'en est sortie. Pas sa sœur Martine. Apprendre que celle-ci a peut-être été victime d'un meurtre lui donne le courage de s'exprimer devant la caméra. Elle veut participer, aider. Mais elle sait si peu de choses ! Son seul souvenir remonte à la fin des années soixante-dix, lorsque les gendarmes l'ont entendue à l'occasion de la disparition de sa sœur.

Après avoir recueilli l'ensemble de ces témoignages inédits suscités par la diffusion de « Perdu de vue », je me rends au rendez-vous que nous a enfin accordé Christian Jambert.

C'est Jacques Moreau qui a intercédé amicalement en notre faveur et vaincu les réticences du gendarme à la retraite. Mais il nous a prévenus : « Jambert accepte un entretien, mais sans caméra, à cause de son devoir de réserve, vous comprenez ? » Il a aussi précisé, sans que j'y prête trop d'attention sur le moment : « Nous devons faire bien attention ! Christian a eu des "problèmes personnels" et nous ne devons pas nous formaliser si d'aventure sa mémoire était un peu défaillante. » Jacques Moreau semblait regretter que Christian Jambert ne veuille pas être filmé. Son propre témoignage, lors de notre première émission, ne lui avait pas apporté que des réactions positives. Il savait que dans certaines sphères du palais de justice, on n'avait pas apprécié la révélation de cette histoire de suspect pointé par l'enquête préliminaire du gendarme sans qu'aucune poursuite n'ait été décidée par le parquet. Le poids de cette déclaration était lourd à porter pour ce simple commerçant, connu dans la région. Il n'aurait pas été fâché d'être conforté par Christian Jambert, le principal intéressé, qui pouvait confirmer ses propos.

Avant d'arriver au domicile de son ami, Jacques Moreau me fait une deuxième recommandation : « Christian est un homme qui a beaucoup souffert de son divorce. Sa femme est partie, il ne s'en est jamais vraiment remis. Si son discours vous paraît un peu décousu, ne lui en tenez pas rigueur. » Je comprends, clairement cette fois, que l'homme que je m'apprête à rencontrer enfin et qui est au point de départ de toute l'affaire n'est peut-être pas sorti indemne d'une enquête qui a bouleversé sa vie professionnelle et personnelle.

En effet, en plein après-midi, Christian Jambert nous reçoit en pyjama dans son petit pavillon anonyme d'Auxerre. Il paraît même avoir du mal à se souvenir de Moreau, qui lui parle comme à un enfant. On s'installe sur des fauteuils, lui sur un canapé défraîchi. C'est un intérieur de célibataire, propre mais pas très bien entretenu. Jambert reste évasif : « C'était il y a longtemps. Je me souviens bien qu'il y avait un suspect, comment s'appelait-il déjà ? Émile Louis ? Ah, oui... C'était un chauffeur de car. Ça, je m'en souviens très bien. Écoutez, je vais réfléchir... Les éléments vont me revenir... Il faut que l'on se rappelle. De toute façon, on ne fait pas d'interviews, hein, il faudrait que je demande l'autorisation à ma hiérarchie. Quand on est gendarme, c'est pour la vie, n'est-ce pas ? » Nous échangeons nos numéros. Mais mon espoir de le convaincre de témoigner devant la caméra s'estompe...

Jacques Pradel : Christian Jambert, « chef d'enquête »

La première rencontre avec Christian Jambert s'est faite, dans les conditions qui viennent d'être rappelées, les jours qui ont suivi la diffusion de la première émission de « Perdu de vue » consacrée à l'affaire des disparues de l'Yonne. Deux autres émissions suivront avant l'été 1996, sans participation du gendarme, toujours au nom du devoir de réserve. Mais Jambert nous contactera lui-même au mois d'août 1996, considérant qu'il était de son devoir d'intervenir enfin dans notre émission. Peut-être a-t-il pensé que la chape du silence allait à nouveau engloutir toute l'affaire dans le « Triangle des Bermudes » icaunais. Un an plus tard, presque jour pour jour, Christian Jambert disparaissait. Suicide ou meurtre ? Personne ne peut encore trancher cette question en 2005. Mais on peut s'interroger sur le destin de l'homme qui a occupé une telle place au cœur d'une des grandes affaires criminelles du siècle.

La mort mystérieuse du gendarme nous renvoie à son histoire personnelle autant qu'à son parcours professionnel au sein de la gendarmerie. Beaucoup de rumeurs contradictoires ont couru sur le compte du gendarme Jambert : agent de la DST, faible d'esprit, ripoux ! La vérité est complexe... Voici ce que nous pouvons en dire.

Christian Jambert est né le 26 novembre 1940 à Fourchambault, dans la Nièvre. Comme Christine, Martine, Françoise, Bernadette, Jacqueline, Chantal et Madeleine, les disparues de l'Yonne, mais aussi comme Émile Louis, Christian Jambert est un enfant de la Ddass.

Tout jeune, il voue un véritable culte à son corps militaire. Il dira souvent à ses amis que la gendarmerie constitue la famille qu'il n'a jamais eue. Entré comme brigadier en 1960 à la brigade territoriale, il gravit les échelons jusqu'au grade d'adjudant-chef, le plus haut grade de sous-officier avant celui de major. Il réussit le concours d'officier de police judiciaire en 1975, et rejoint l'année suivante la brigade de recherches (BR) d'Auxerre, qu'il quittera en 1987, à sa demande, pour rejoindre le groupement de gendarmerie de Nevers, sa région natale.

Les témoignages que nous avons recueillis sur sa carrière de gendarme à Auxerre, entre 1976 et 1987, sont contrastés. Les uns, ses amis d'une manière générale, parlent d'un enquêteur « de choc », âpre au travail, « pugnace ». Son sens de l'organisation et sa rigueur, disent-ils, ont fait le bonheur de la BR d'Auxerre. Mais d'autres, qui l'ont aussi bien connu, pointent le fait qu'il doit ses incontestables succès à ce qu'ils appellent ses « folies ». Le week-end, la nuit, en vacances, il continue à être habité par ses enquêtes... Alors il enfile sa tenue, à n'importe quelle heure du jour ou de la nuit, et part vérifier telle piste ou rencontrer un informateur. Selon eux, Jambert n'hésite pas à fréquenter les milieux interlopes. Les mêmes personnes soulignent que c'est cette passion excessive du gendarme pour son métier qui conduira sa femme à demander le divorce. L'aînée de leurs deux enfants, Isabelle, supportera mieux la séparation que son petit frère Philippe, qui se fâchera avec son père. Les deux hommes ne se réconcilieront vraiment que six mois avant le décès de Christian, en 1997.

Christian Jambert est aussi considéré par certains de ses pairs, et surtout par ses supérieurs, comme un « élément incontrôlable ». Lorsque l'affaire des disparues d'Auxerre éclatera au grand jour et rattrapera la gendarmerie, une enquête interne, conduite par l'Inspection technique de la gendarmerie nationale (ITGN) et réalisée durant l'année 2002, dressera un portrait de l'adjudant dont voici quelques extraits : « Un électron libre, "incommandable", impossible à protéger *[?]*, s'affranchissant de la doctrine et parfois de la discipline militaire pour parvenir à ses fins », selon les termes du colonel G., son supérieur direct à l'époque de l'enquête sur les disparues. Et encore : « De par son comportement professionnel atypique (vie nocturne, fréquentations douteuses, emploi de ressources financières et matérielles personnelles pour obtenir le renseignement, tenue et présentation négligées hors service), l'adjudant Jambert inquiétait à juste titre le commandement », signale aussi ce rapport de l'ITGN.

Lorsque démarre l'affaire des disparues d'Auxerre, Jambert part seul « à la chasse », comme à son habitude. En novembre 1981, il est convaincu d'avoir affaire à un tueur en série : Émile Louis. Après avoir amassé suffisamment d'éléments, c'est en qualité de chef d'enquête qu'il fait part de ses soupçons à ses collègues et à son commandant. Toute la BR ne tarde pas à connaître l'affaire des disparues d'Auxerre dans les moindres détails. Avare de paroles dans le privé, l'adjudant Christian Jambert est disert avec ses collègues. Comme le note le rapport de l'ITGN déjà cité, quand une information venait de Jambert, on savait que « c'était du sûr ». Et le rapport poursuit : « C'est pourquoi, après avoir assisté l'adjudant-chef Jambert dans les enquêtes concernant les pupilles de la Ddass disparues et Émile Louis, les adjudants-chefs (...), les adjudants (...) et les gendarmes (...), etc., partageaient la conviction de l'adjudant-chef Jambert concernant Émile Louis. »

Chef d'enquête, Christian partage néanmoins les réussites de celle-ci avec tous ses collègues. On ne peut que rendre hommage tant à la capacité d'organisation de l'adjudant-chef qu'aux investigations de ses collègues, Joël Roulet bien sûr, mais aussi Thierry Bouilleveaux, Patrice Urbin, Jean-Lucien Charrier, Georges Raffin... Tous ont œuvré pour confondre un jour Émile Louis.

Pourquoi n'ont-ils pas réussi ? La réponse appartient à la justice, à laquelle Christian Jambert a présenté par deux fois l'affaire.

La première fois, c'est auprès du juge d'instruction Jacques Bourguignon, par une simple correspondance. Cela fait alors près de trois ans que Jambert et la BR enquêtent sur l'assassinat de Sylviane Lesage-Durand, retrouvée le 5 juillet 1981 dans un appentis à Rouvray, et Jambert est toujours sans nouvelles du troisième dossier lié, selon lui, à l'affaire. Rappelons que le dossier principal a été disjoint en trois volets par le juge d'instruction. Le premier concerne les attouchements sur mineurs : Émile Louis a été jugé et condamné à six ans de prison. Le second volet regroupe l'enquête sur le meurtre de Sylviane Lesage-Durand. Le troisième, c'est celui des jeunes disparues handicapées.

Afin d'attirer l'attention du magistrat, Christian lui écrit donc une lettre, le 24 avril 1984. Il y a urgence ! Christian Jambert sait qu'Émile Louis vient d'être libéré de prison. Il souhaite continuer à le surveiller, voire l'interroger à nouveau, afin de poursuivre l'enquête sur les disparues. En réponse, le magistrat lui demande de bien vouloir lui adresser un procès-verbal de synthèse. C'est alors que Jambert entreprend la rédaction de ce que l'on a coutume d'appeler aujourd'hui « l'enquête préliminaire » des disparues de l'Yonne. Un document que nous avons pu nous procurer, et dans lequel il explique toutes les ramifications existant, selon lui, entre les six jeunes filles disparues et Émile Louis.

Pourquoi six et non pas sept disparues, comme on pourrait s'y attendre ? Parce qu'il n'y fait pas mention de la disparition de Christine Marlot. La connaissait-il seulement ? Il est difficilement imaginable qu'il n'ait pas été, à un moment donné, informé de la disparition de Christine. D'autant qu'en 1977 la jeune fille était mineure. Lorsque nous l'avons interrogé sur ce point, il a avoué n'avoir aucun souvenir de Christine. Son état de santé à l'époque où nous nous sommes rencontrés peut expliquer ce trou de mémoire. À peine se souvenait-il de Chantal Gras, de Jacqueline Weis et de Madeleine Dejust. Nous n'aurons jamais la réponse à ce « fait troublant ». Soit Jambert a parfaitement mené l'enquête et l'éviction du rapport de la disparition de Christine est, d'une manière ou d'une autre, justifiée, soit l'enquête laisse à désirer sur certains points.

Le procureur d'Auxerre en poste à cette époque, René Meyer, n'est pas convaincu par l'analyse développée par Jambert dans sa synthèse. Il est de notoriété publique que les deux hommes ne s'entendent guère. Le gendarme s'arrange, le plus souvent, pour faire passer ses requêtes au substitut ou directement au juge d'instruction. Mais par la force des choses, les deux hommes se croisent souvent. Meyer connaît l'affaire des disparues et répète inlassablement à l'adjudant-chef : « Pas de cadavre, pas de meurtre. » Si la mémoire de Christian défaille souvent à l'époque de nos rencontres, cette phrase est bien restée gravée dans sa mémoire.

Pour sa seconde tentative d'obtenir l'ouverture d'une information judiciaire concernant les disparues de l'Yonne, Christian Jambert, contrairement à ses habitudes, joue plus fin, plus « politique ». Court-circuitant le redouté René Meyer, il décide de remettre directement son enquête préliminaire au substitut du procureur, Daniel Stilinovic, « Stylo » pour les intimes. Les deux hommes ont des relations amicales. « Stylo » montre de l'intérêt pour le tour nouveau que prend l'enquête sur le meurtre de Sylviane Lesage-Durand. Pour lui, cette histoire de disparues se tient, et Émile Louis semble bien porter l'habit de « présumé meurtrier en série » que Jambert lui a confectionné !

Daniel Stilinovic transmet donc le P-V au juge d'instruction Jacques Bourguignon, avec cette inscription portée sur la couverture du dossier : « Adjoindre à l'information sur l'homicide volontaire de Sylviane Lesage. Me faire savoir s'il vous faut un supplétif. » Il n'entendra plus jamais parler de sa requête, par la force des choses : le lendemain, il quitte le parquet d'Auxerre pour une autre affectation.

Quant au dossier, il sera retrouvé en 1997 dans les archives du tribunal d'Auxerre, assorti d'une mention *« non »* écrite par une main anonyme, en réponse à la demande du substitut. Par la suite, aucun responsable de l'époque ne se souviendra être l'auteur de la mention qui devait pourtant enterrer définitivement l'enquête de Jambert. On le cherche encore aujourd'hui.

C'est donc la fin de la partie pour Christian Jambert. Son espoir de voir un jour ces faits traduits en justice s'envole. « Je n'ai jamais compris pourquoi », dira Jambert. Personne ne saura jamais pourquoi, car le refus n'était pas motivé. Pour l'adjudant-chef, ce refus constitue un camouflet sévère. D'autant qu'il aura des conséquences désastreuses pour lui au sein de la brigade. Jambert savait que ses méthodes n'étaient pas du goût du parquet, c'est maintenant sa hiérarchie qui le remet en cause. En effet, le lieutenant-colonel M. a pris le commandement de la brigade d'Auxerre en décembre 1983. Les méthodes de Jambert ne lui plaisent pas et il le fait savoir. Le rapport de l'ITGN de 2002 constate : « M. a encadré l'adjudant-chef Jambert avec une rigueur militaire qui a eu pour conséquence que, non seulement l'adjudant-chef Jambert, mais aussi ses collègues, en étaient arrivés à cacher à leur commandant de compagnie (...) les investigations occasionnelles qu'ils ont poursuivies après 1984 concernant les pupilles disparues. » Convaincus par les arguments développés dans le rapport de synthèse par leur collègue, plusieurs gendarmes de la brigade ont mis en place une veille tacite et illégale. Seul fait positif de cette année noire professionnelle, Christian rencontre

Nicole, qui deviendra sa compagne. Nous sommes en 1984.

La mutation de Christian Jambert à Nevers a lieu en 1987. En trois ans, la bande d'enquêteurs de la cellule de veille « sauvage » n'a trouvé aucun élément nouveau. La raison principale est certainement qu'entre-temps, le « témoin principal » a quitté le département pour s'installer dans le Var où d'autres affaires le rattraperont plus tard.

*
**

En juin 1987, Christian Jambert est donc mis au rancart de l'affaire, semble-t-il à sa demande. Il est affecté à la Brigade départementale de renseignements judiciaires, basée à Nevers. Un poste tranquille, sans enquêtes ni sorties sur le terrain. Chaque jour, l'adjudant-chef recueille et met en statistiques les chiffres de la criminalité du département, avant de rejoindre son domicile d'Auxerre. « Un simple fonctionnaire efficace dans son travail, n'ayant laissé aucun souvenir particulier », se souvient le colonel qui l'a eu sous ses ordres. En 1990, Christian Jambert obtient le grade d'adjudant-chef, maigre consolation pour celui qui rêvait de finir sa carrière comme major.

Au cours de ses dernières années, la vie privée de Christian Jambert devient à nouveau tumultueuse. Endetté par l'achat de son pavillon d'Auxerre, éprouvé par la mauvaise ambiance qui règne au sein de la brigade de Nevers et les refus d'avancement qu'il essuie, il est atteint de dépression. Sa femme finit par le quitter, à la fin 1994.

Le 16 mai 1995, Christian Jambert tente de mettre fin à ses jours. Il s'enfonce en voiture dans un chemin forestier de la Nièvre, sa région natale, avale des barbituriques, ingurgite une grande quantité de whisky et s'intoxique dans l'habitacle de la voiture, à l'aide d'un tuyau branché sur le pot d'échappement. Inconscient mais vivant, il sera sauvé par un promeneur et conduit à l'hôpital de Nevers. Toujours dépressif, il restera plusieurs mois en convalescence dans un centre psychiatrique. Continuant à prendre des antidépresseurs, Christian Jambert ne recouvrera jamais sa lucidité d'antan. C'est un homme affaibli, l'ombre de lui-même, que nous avons connu.

Stéphane Munka : René X.

L'entretien avec Christian Jambert est à peine terminé que Jacques Moreau propose de me faire rencontrer quelqu'un. « Pas qu'on ait rendez-vous, mais le bonhomme pourrait vous intéresser. » Un certain René X. « Un drôle de gars, qui pourrait vous en raconter des vertes et des pas mûres sur l'Yonne » – mais aussi, paraît-il, sur nos disparues. Nous quittons Auxerre, remontons la nationale 6 sur quelques kilomètres et, après quelques détours par des routes de campagne, arrivons chez René. L'homme est propriétaire d'un bar-restaurant cossu et discret, le genre à accueillir des noces et des repas d'affaires plutôt que les routiers. J'aurai plusieurs fois l'occasion d'y retourner, mais jamais je ne verrai d'autre personnel qu'un seul serveur, malgré les tables toujours richement dressées. René X. est un fringuant quinquagénaire, habillé avec une décontraction étudiée. Notre arrivée n'a pas l'air de l'émouvoir outre mesure. On parle des « affaires ». Il se souvient d'Émile Louis, qui était un « client comme les autres ». L'entrevue pourrait s'arrêter là, mais Jacques Moreau nous aide à établir le contact en présentant René X. comme l'homme qui connaît le mieux les dessous pas toujours propres de la ville d'Auxerre, dont il a longtemps été une figure locale aux relations plus ou moins louches.

Il est né en 1939 dans la région. Garçon débrouillard, d'une beauté confondante, il participe à des concours de charme pour se faire un peu d'argent et pourrait rêver de faire du cinéma. Mais plutôt que d'opter pour le septième art ou la politique, René utilise son charme pour approcher les filles. Tombeur émérite, c'est presque naturellement qu'il en vient à « professionnaliser » ses méthodes de conquête. En clair, il devient proxénète. L'argent facile lui permet de s'offrir, dans les années soixante-dix, une boîte de nuit célèbre de la région, à une vingtaine de kilomètres d'Auxerre. Le lieu, peuplé de jolies filles, fait fureur. Les jeunes comme les notables adorent venir s'y encanailler. D'autant que René sait recevoir. Proche de certains milieux parisiens, il importe dans l'Yonne les méthodes de la capitale : tables réservées pour les personnalités, soirées thématiques, boules à facettes au plafond...

René pourrait se contenter de cette vie de commerçant tranquille s'il n'était tributaire des « amis » qui l'ont « aidé » à acheter les lieux. Les « financiers » de l'opération ont aussi confié à René une mission bien précise : recruter des jeunes filles. Les séduire, leur faire miroiter une vie pleine de strass et de paillettes et les convaincre plus ou moins fermement de « monter à Paris » où ces amis au grand cœur prendront le relais de leur « carrière ». Peu à peu, les manœuvres du patron de la boîte de nuit n'échappent pas aux clients, qui finissent par éviter l'endroit. Les notables se font plus rares, les jeunes émigrent vers des endroits plus à la mode... René devra vendre l'affaire au début des années quatre-vingt. Il se lancera dans la restauration avec le bar-restaurant où nous le retrouvons aujourd'hui.

Jacques Moreau pensait peut-être que le propriétaire des lieux avait glané quelques informations ou rumeurs sur les disparues et un éventuel lien avec un réseau de prostitution local. Il se trompait. René ne dira rien. Plus tard, j'aurai la conviction que c'était parce qu'il n'y avait rien à dire. Décidément, entre l'entrevue ratée avec Christian Jambert et les silences de René, le prochain plateau de l'émission risque d'être pauvre en informations nouvelles !

Jacques Pradel : « Y aurait-il un avocat courageux ? »

29 avril 1996 : je présente, en direct, une nouvelle séquence de « Perdu de vue », consacrée aux « sept disparues de l'Yonne ». D'entrée de jeu, j'explique aux téléspectateurs que, malgré tous nos efforts et les appels lancés à l'antenne le mois dernier, nous n'avons toujours aucune nouvelle des jeunes filles disparues. Nous partageons la très forte inquiétude de Jeanne Beaufumé et de Pierre Monnoir qui sont présents sur le plateau.

Place ensuite aux reportages. Les téléspectateurs prennent connaissance des témoignages recueillis auprès des proches des jeunes filles qui nous ont contactés par l'intermédiaire du standard SVP le soir de la première émission. On entend d'abord Rolande Carroué, la sœur de Martine Renault, raconter dans quelles circonstance celle-ci a disparu à l'âge de seize ans. Puis c'est au tour de madame Bulcourt, la logeuse de Madeleine Dejust. Elle évoque les affaires de mœurs qui ont secoué la région. Elle dit sa conviction que la disparition de Madeleine a un rapport avec ces événements. Micheline Seigneur, sœur de lait de Chantal Gras, explique à son tour que le chauffeur de car, qui a croisé toutes les jeunes filles avant leurs disparitions, les emmenaient souvent à des fêtes, elle et sa sœur. Chantal avait, dit-elle, une grande confiance en cet homme qui lui avait fait beaucoup de promesses.

Micheline ajoute que Chantal se plaignait aussi des assiduités du directeur de son centre éducatif, qui « s'intéressait à elle de trop près ». Enfin, elle se souvient que lorsque son père nourricier a voulu se rendre à ce même centre, après la disparition de Chantal, pour parler avec le directeur et essayer de comprendre ce qui avait pu arriver, le chauffeur de car – encore lui – avait dit : « C'est pas la peine d'aller là-bas, Chantal ne reviendra plus ! »

Retour des caméras sur le plateau de « Perdu de vue ». La tension est palpable, autant chez mes deux invités que parmi le public qui assiste à l'émission. Je précise que le chauffeur de car évoqué dans tous les témoignages qui viennent d'être diffusés, n'a pas été mis en cause par la justice jusqu'à présent et qu'il a, depuis, quitté la région.

Je me tourne alors vers Pierre Monnoir pour lui demander ce que son association compte faire dans les jours qui suivent, vu l'ampleur que prend cette affaire, qui atteint une dimension que personne ne pouvait prévoir lorsqu'ils avaient fait appel à nous, six mois plus tôt.

Ma question n'est pas innocente. Depuis le début de notre enquête nous cherchions, Jean-Marie Perthuis et moi, une solution à une question apparemment insoluble. Nous n'étions ni juges, ni gendarmes, ni policiers, nous menions une enquête de journalistes et nous savions que nous ne pourrions pas indéfiniment continuer à évoquer l'affaire des disparus dans « Perdu de vue ». Il arriverait un jour où aucun témoignage nouveau, aucune piste inédite ne se manifesterait plus. Le dossier 662 serait inéluctablement refermé. Les lumières du plateau serviraient à d'autres recherches, défendraient d'autres causes. De plus, ce dossier, ouvert au départ dans le but de retrouver vivantes les jeunes filles disparues, devenait au fil des semaines, à l'évidence, un dossier criminel. Nous avions, sans le vouloir, déclenché un mouvement d'opinion. Toute la France attendait que la justice prenne le relais et nous n'avions pas les moyens de l'y obliger. Nous souhaitions donc que l'Association de défense des handicapés de l'Yonne se serve de sa légitimité pour porter l'affaire en justice avec les proches des disparues que nous avions retrouvés. Je pensais que l'association pourrait tenter de se constituer partie civile. Notre objectif était clairement d'obtenir que la justice ouvre une information officielle, à la lumière des témoignages que nous avions tous réussi à collecter.

Stupéfaction du public lorsque nous apprenons par la bouche de Pierre Monnoir que les éléments du dossier sont prêts, mais que les trois avocats d'Auxerre et de la région, sollicités par l'association pour déposer plainte auprès du doyen des juges d'instruction, se sont, selon eux, finalement désistés. « Je lance l'appel ce soir, y aurait-il un avocat courageux qui accepterait de prendre en main nos intérêts ? » demande Pierre Monnoir d'une voix ferme. La séquence « Les oubliés » se termine sur ces mots. Déjà, on me signale quelques minutes plus tard que plusieurs avocats, tous hors du département de l'Yonne, ont appelé le standard de l'émission. Nous les rappellerons demain. La séquence des « oubliés » reviendra dans un mois...

Stéphane Munka : les nouvelles confidences de René

L'enquête sur Émile Louis, Auxerre et les sept disparues continue, de manière un peu anarchique, au gré des rencontres et des amitiés qui se nouent. Il est arrivé qu'un détail de la vie d'Émile Louis nous soit raconté par hasard, au zinc d'un bistrot où la conversation était née entre les clients à cause de la présence de notre caméra. Personne ne ratait nos émissions, nous étions toujours très bien accueillis, grâce à la curiosité qu'inspirait notre présence. Auxerre était devenu une résidence secondaire. Même l'hôtel avait l'habitude de nos visites et nous réservait toujours les mêmes chambres, avec vue sur l'Yonne. Quotidiennement, Jacques Moreau, Christian Jambert, Pierre Monnoir, les familles des disparues apportaient un détail, une info. Je continuais sans espoir à mettre la pression sur les rares témoins capitaux, qui refusaient obstinément de nous parler. Il manquait toujours les déclarations de Decuyper et autres officiels de l'Apajh, des membres du parquet, et surtout de la famille Charrier. Ayant appris que l'ancien directeur de l'IME d'Auxerre vivait à Troyes chez son fils, j'avais consacré une demi-journée à sonner à la porte de la maison. Sans résultat.

À chaque déplacement dans la région, j'avais pris l'habitude de rendre visite à René X. Ses airs renfrognés, ses expressions sorties d'un dialogue d'Audiard, son Picasso exposé dans le petit salon et son ascendant sur les femmes m'amusaient. J'adorais déguster le saumon fumé par ses soins et recueillir ses souvenirs. C'était une sorte de tonton flingueur, un Ventura échappé du côté d'Autant-Lara, un Travolta flegmatique chez Tarantino. Un jour qu'il avait de la haine pour Émile Louis, il a promis de m'offrir un costume si je parvenais à coincer le sale type. Mais pas un complet ordinaire. Il y avait, dans le treizième arrondissement de Paris, un tailleur, un vieux monsieur qui n'avait pas son pareil pour couper le coton et coudre la poche intérieure pour que le pistolet ne forme pas de bosse... J'ai refusé. La résolution de l'affaire, je la devais aux disparues. Afin d'apporter une aide plus concrète, il m'a proposé de rencontrer un certain Christophe.

Une semaine plus tard, Christophe et moi nous retrouvons au restaurant. Pour une fois, j'arrive en avance, le nouveau en retard. Sans un regard pour moi, il gronde René, le prévenant que si jamais il s'est déplacé pour rien, il saura en tirer les conclusions nécessaires. Je me présente, l'homme ne répond rien. La conversation est hésitante. J'ai une affaire à exposer, je ne sais pas très bien qui il est mais je me lance. René,

Christophe et le cadreur s'installent en cercle autour de moi. Il me faut près d'une heure pour raconter mes disparues de l'Yonne. Le visage du nouveau change, s'éclaire. Parfois, il se fend d'une remarque, m'interrompt pour une question. À la fin, il lance : « Vous le tenez, votre Émile Louis. Je sais de quoi je parle. Je suis commissaire divisionnaire. Cependant, il y a quelques pistes que vous n'avez pas encore explorées. Ce qu'il vous manque, ce sont des preuves à présenter à la cour. »

Tandis que Christophe me conseille des pistes à creuser, René me raconte ses souvenirs d'Émile Louis. Son restaurant fait aussi bar de nuit, et il est arrivé que le chauffeur de car s'y jette un verre, souvent seul, mais comme il est connu de tous ceux qui fréquentent le lieu, on lui parle. Plutôt, on le chahute. Ses airs mielleux, ses petites coucheries, sa propension à rendre service aux dames, ses manières déplaisent aux hommes. Plus d'une fois Émile Louis a dû battre en retraite devant l'agitation d'un client excité au bourgogne local, et exaspéré par la simple présence du chauffeur de car. Ce genre de mésaventure lui arrivait surtout lorsqu'il tombait sur un ancien collègue de la SNCF. Il y a bien longtemps, au début des années soixante, Émile s'était rendu coupable de quelque chose. On parlait alors d'une histoire de mœurs pas très claire, qui aurait conduit les cheminots à enfermer Émile Louis une nuit entière dans un bureau de la gare.

Il n'aurait été libéré que le lendemain. Certains en rigolaient encore...

Mais la véritable information que livre mon tonton flingueur, c'est Françoise Lemoine. René a bien connu la plus âgée de mes disparues, qui avait travaillé comme serveuse dans sa boîte de nuit. René avait des « projets » pour cette fille avant qu'elle disparaisse. Tout le monde savait qu'Émile fricotait avec elle, ce qui n'était pas du goût de René. Mais c'est des années plus tard, lorsque Christian Jambert, en plein dans son enquête préliminaire sur les disparues, a rendu visite à René, que ce dernier a fait le rapprochement entre Émile et la disparition de Françoise. René a dit tout ce qu'il savait à Jambert, ajoutant que si on voulait faire parler l'Émile, rien de plus simple : on le suspendait dans la cave par les pieds, on l'entourait de barbelés, et dans les vingt-quatre heures il avouait tout. Jambert n'a pas appliqué le conseil !

Les avis de Christophe se révèlent plus profitables. La mission, c'est de retrouver les corps des sept disparues d'Auxerre. Et il y a du boulot. Christophe est catégorique : nous sommes face à une vieille affaire sur laquelle plane le spectre de la prescription. Il faut multiplier les témoignages visuels pour cerner des zones de fouille. D'abord, mon enquête de proximité n'est pas complète. Il faut encore retrouver des voisins, des amis, des proches susceptibles de désigner les lieux qu'Émile Louis fréquentait. Particulièrement les coins reculés. Où pêchait-il le dimanche ? Quels angles morts recelaient les maisons qu'il avait habitées, et pouvaient cacher une tombe ? Si d'aventure un corps venait à être trouvé, une instruction pourrait enfin être ouverte. On s'imaginait passer nos week-ends à retourner la terre. Comme on hésite, Christophe émet la supposition que si crimes il y a eu, notre bonhomme ne s'est peut-être pas arrêté à sa période auxerroise. Il me conseille de m'intéresser au parcours d'Émile Louis depuis qu'il a quitté l'Yonne. Le problème, c'est que mon « témoin n° 1 », je ne le localise pas.

Une fois seul à seul, je fais part à Christophe des doutes qui me sont venus à propos de René. Lui aussi a fréquenté Françoise, après tout. Pourquoi ne pas imaginer qu'une ou plusieurs de mes disparues ait transité par son réseau puis été prise en charge par ses « amis » ? Que pensait-il des histoires de traites de femmes ? Pouvait-on imaginer une séquestration si longue ? À cette époque – avant l'affaire Dutroux –, les disparitions de femmes sont toujours le fait, selon la rumeur, de réseaux de « traites des blanches ». Le phénomène a été largement étudié et démenti par Edgar Morin, dans son livre de 1967 sur *La Rumeur d'Orléans*. Pourtant, j'ai prêté l'oreille à une affaire dont m'a parlé Pierre Monnoir. Il se dit que deux jeunes fugueuses auxerroises de quatorze ans, errant dans le quartier des Halles de Paris, ont été abordées puis séquestrées par un homme d'origine maghrébine qui avait l'intention de les vendre à l'étranger. J'ai retrouvé dans les archives de l'AFP une mention de cette affaire, qui a réellement existé[1].

Si l'enquêteur doit avoir à cœur de ne fermer aucune piste, la théorie semble cependant fumeuse, selon Christophe. D'abord, René n'était souvent qu'un simple relais, un rabatteur pour des personnages plus importants. Un dragueur impénitent qui proposait aux filles une vie meilleure, qui les formait. Certaines mordaient à l'hameçon. Elles étaient alors présentées à d'autres hommes, bien moins tendres, qui les mettaient au pas. René, cœur d'artichaut, n'aurait jamais été mis au parfum d'une combine aussi scandaleuse. On connaissait ses relations avec des juges, des policiers, des notables. Son rôle était aussi de jouer le *« go-between »* entre les uns et les autres. Mais surtout, et Christophe est catégorique, aucune affaire réelle de traite des blanches n'a jamais été révélée, et il y a fort à parier que cela relève plus du fantasme que de la réalité. L'explication en est simple et économique : les prostituées, on les garde à domicile pour faire marcher le tourisme et le commerce.

---

1. Plutôt qu'un réseau organisé, il s'agissait en fait d'un homme ayant offert un refuge à ces deux jeunes fugueuses afin d'en retirer une relation sexuelle. Disposer de ces deux mineures l'avait incité à imaginer une « vente » vers l'étranger. Mais c'est précisément en cherchant des réseaux susceptibles de les marchander, et qui n'existaient pas, que l'homme avait été confondu par la police.

Et puis on parle beaucoup des grands « témoins », toujours absents à ma barre : Pierre Charrier et Émile Louis. Christophe, qui a été en son temps un accoucheur hors pair, et dont le nom reste gravé au Panthéon du quai des Orfèvres pour cette qualité, aurait adoré les rencontrer. Il prend plaisir à me raconter ses affaires passées, la manière dont il a coincé les gars durant les gardes à vue. Il me raconte les violeurs qui craquent à l'évocation de leur maman, les braqueurs toujours prêts à lâcher le nom d'un collègue pour s'en sortir à moindre frais. Selon Christophe, les pires, c'étaient les Corses. On pouvait les cuisiner des heures, leur plonger le museau devant l'évidence, ils niaient encore. Il se souvient d'un gars retrouvé avec un pistolet dans son coffre de voiture quelques jours après une fusillade. Le labo avait fait le recoupement, des témoins avaient repéré la voiture, le suspect était cuit. Et pourtant il ne décrochait pas un mot. Les procès-verbaux d'interrogatoire arrivaient vides aux bureaux des juges d'instruction, qui ont fini par relâcher le gars. Libre à moi de tirer de ses récits un enseignement, une édification...

Dans nos conversations sur l'affaire, on focalise sur la femme d'Émile Louis, Simone Delagneau. Nous savons qu'il avait une épouse, mais comment l'aborder ? À défaut d'une commission rogatoire, quelle monnaie d'échange lui proposer ? On retourne le problème dans tous les sens, quand Christophe a une idée : on lui offre ce que l'on sait. Sans condition. Ça la fera réfléchir, elle pourra se répandre sur son bonhomme, ou au contraire le défendre bec et ongles.

Au téléphone, Simone accepte de m'écouter. À l'évocation de Jacqueline Weis, qu'elle a eue en garde et qui fait partie de nos disparues, elle s'émeut. « Un soir, Émile nous a annoncé qu'il avait trouvé un travail pour Jacqueline. C'était dans un restaurant, à Avallon. Les propriétaires pouvaient même la loger. Tout était prêt, il n'y avait plus qu'à s'y rendre. On a fait ses valises, et Émile l'a accompagnée en voiture à la gare d'Auxerre. Quelques jours plus tard, nous avons reçu une carte postale de Jacqueline, que je n'ai malheureusement pas conservée, mais dans laquelle elle écrivait être bien arrivée. C'était son écriture, mais la carte était postée d'Auxerre. Puis nous n'avons plus eu de nouvelles, elle avait disparu. Alors j'ai appelé le restaurateur. Émile m'avait donné son nom. L'homme au bout du fil en est tombé des nues. Jamais il n'avait entendu parler d'Émile ou de Jacqueline. »

Simone est émue, chuchote dans le combiné comme si elle avait peur d'être surprise. On veut savoir si elle a imaginé que quelque chose de grave aurait pu arriver à Jacqueline. « La gendarmerie a fait son travail. » Mais elle ne veut plus parler, refuse une rencontre, raccroche.

Je raconte l'entretien à Christophe, qui jubile. Pour lui, la tirade sur Jacqueline est un aveu. Il en conclut aussi que Simone est toujours amoureuse, ou sous influence. Puis il dit : « Il en a bien eu d'autres, des femmes ? Faut en trouver une qui parle. »

Jacques Pradel : un grand pas franchi

Principal résultat de la seconde émission de « Perdu de vue », diffusée le 29 avril 1996 : Toutes les familles des disparues de l'Yonne sont retrouvées ! Les deux dernières personnes qui nous ont contactés ce soir-là sont des proches des sœurs Lemoine ainsi que de Jacqueline Weis.

C'est d'abord une cousine des sœurs Lemoine qui a appelé : elle n'a malheureusement aucun souvenir d'elles mais elle veut nous aider, elle aussi. Nous lui avons dit que son lien de parenté avec les disparues pourrait être très utile lorsqu'une plainte officielle serait déposée, comme nous l'espérions. Elle pourrait s'y joindre comme partie civile pour représenter ses deux cousines. Son appel est encore une preuve, si besoin était, que depuis toutes ces années nos disparues n'ont pas donné signe de vie à leur famille.

Le dernier à se manifester par l'intermédiaire de SVP est Jean-Pierre Weis. Frère cadet de Jacqueline, son témoignage est capital car il a vécu avec sa sœur chez

Émile Louis. Jacqueline est née le 21 août 1958 au Luxembourg, à Esch-sur-Alzet, tout près de la frontière française. Deux frères lui succèdent, dont Jean-Pierre, de huit ans son cadet. À l'époque, la Ddass commence à penser qu'il serait profitable pour ses pupilles de ne pas séparer les fratries. C'est dans ces circonstances que Jean-Pierre retrouve sa sœur en 1974 chez Émile Louis. Un an plus tard, le cadet est déplacé dans une autre famille. Il ne reverra plus jamais sa sœur, mais il se souvient encore un peu d'elle : « Elle avait un léger handicap, un gros retard scolaire, mais ne paraissait pas débile. Je me souviens de la gentillesse d'Émile Louis, mais aussi de ses gestes déplacés envers ma sœur. Des mains aux fesses, des caresses... Quand on est petit, on n'y prête pas d'importance. C'est en grandissant que l'on comprend, que l'on interprète ces souvenirs-là. »

Jean-Pierre reste calme et pondéré malgré l'émotion. Le choc qu'il vient d'encaisser est extrêmement violent. Nous imaginons cet homme qui depuis près de trente ans se croyait seul au monde. Abandonné par ses parents naturels, sans nouvelles de son frère ni de sa sœur. Depuis l'enfance, il avait appris à vivre en orphelin, s'était construit une vie. Un soir, par hasard, il regarde la télévision et apprend coup sur coup que sa sœur est sans doute morte, assassinée, et que le suspect est précisément l'homme chez qui ils étaient placés ! Taciturne, avare de confidences, mais clair et précis, cet homme nous touche tant que nous décidons de l'inviter en direct sur le prochain plateau de l'émission, plutôt que de le filmer chez lui. Il sera plus à l'aise. Il fera la connaissance de Pierre Monnoir et de Jeanne Beaufumé. Il accepte d'évoquer à cette occasion ses souvenirs sur Émile Louis.

Stéphane Munka : en savoir plus sur Émile Louis

La première épouse d'Émile Louis refusant toute idée de rencontre, et a fortiori d'interview filmée, j'ai orienté mon enquête vers la recherche d'une autre compagne du chauffeur de car. Grâce aux informations recueillies précédemment, nous savions qu'Émile Louis avait quitté, à une certaine époque, Simone Delagneau pour Gilberte Leménorel, née Binoche, avec laquelle il avait vécu de 1976 à 1981. Jacques Moreau nous avait beaucoup parlé d'elle. Il avait fréquenté le couple à cause de sa relation avec Béatrice, la fille de Gilberte. Les noms de jeune fille et de femme mariée de l'ancienne compagne d'Émile Louis étaient également consignés dans le rapport de Christian Jambert.

Mais comment la localiser, si longtemps après ? Je finis par apprendre qu'elle s'était remariée sous le nom de Prince et je la retrouvais, dans la région d'Auxerre, où elle habitait une petite maison dont elle avait hérité après le décès de cet homme. Elle accepte le principe d'un entretien filmé en vue d'une diffusion éventuelle dans « Perdu de vue ». Je compte beaucoup sur cette rencontre pour obtenir d'elle un portrait d'Émile Louis. J'ai aussi l'intention de l'interroger sur la manière dont celui-ci se comportait avec les enfants qui étaient en nourrice chez elle. On se souvient que le chauffeur de car avait été arrêté et condamné à six ans de prison pour attouchements sur des enfants dont elle avait la garde. On se souvient aussi que Gilberte, connaissant l'amitié qui liait Jacques Moreau au gendarme Jambert, avait attiré l'attention du compagnon de sa fille sur la disparition de Sylviane Lesage-Durand dont on retrouvera le corps quelque temps plus tard près de Rouvray, un des lieux de pêche favoris d'Émile Louis.

Cette femme a également connu et fréquenté René X., l'ancien proxénète reconverti dans la restauration, parce qu'il avait été l'amant de Béatrice avant la rencontre de celle-ci avec Jacques Moreau. On peut difficilement faire plus compliqué !

L'interview de Gilberte est décevante. Sur l'affaire des attouchements, elle se borne à confirmer que les enfants s'étaient plaints à sa fille, Béatrice et que celle-ci en ayant parlé à Jacques Moreau, c'est lui qui avait alerté Christian Jambert. Elle ne dit pas qu'elle était au courant des faits. Tout cela se serait déroulé hors de sa présence. Elle raconte comment les gendarmes avaient investi son appartement auxerrois pour arrêter Émile Louis. Sur l'homme dont elle a partagé la vie pendant cinq ans, elle se borne à déclarer : il « n'était pas celui que je croyais ». Pour elle, oui, Émile est un pervers. Elle n'ira pas plus loin. Elle n'explique pas pourquoi, alors qu'Émile Louis était déjà mis en examen, elle a effectué avec lui un voyage de vingt-quatre heures dans sa famille et a décidé au retour de ne plus voir ni Béatrice, ni Jacques Moreau : ceux-ci ne seront pas invités le week-end suivant au banquet de mariage de la seconde fille de Gilberte. Ce repas, Émile Louis y participera. Le banquet se déroulera au bar-restaurant de René X. Quelques jours plus tard, Émile Louis sera arrêté.

Jacques Pradel : Émile Louis

À quelques jours de la troisième émission de « Perdu de vue », nous décidons de réunir tous les éléments à notre disposition pour dresser un portrait d'Émile Louis. Nous savons maintenant qu'il est le personnage central de notre histoire. Nous savons aussi qu'il a quitté le département de l'Yonne et qu'il se trouve quelque part dans le sud du pays. Mais où ? Nous l'ignorons encore. Nous parvenons tout de même à reconstituer petit à petit son histoire.

Émile Louis est né le 26 janvier 1934 à Auxerre. Son frère cadet et lui sont très tôt placés à l'Assistance publique et confiés à des familles d'accueil. Enfant, il vit difficilement la période de la Libération. Ses sœurs de lait, prétendra-t-il, sont tondues en place publique pour avoir fréquenté des Allemands. La scène le frappe et il y pense souvent. Plus tard, devenu adulte, il confiera qu'il a conservé depuis cette période un ressentiment à l'égard des femmes, qu'il qualifie souvent de « salopes ». Dans sa jeunesse, il met le feu à une grange et connaît ses premiers soucis avec la justice. C'est un garçon « difficile ». Son père nourricier, Léon Cammier, l'embauche à l'âge de quatorze ans comme apprenti maçon dans son entreprise. Mais le métier ne plaît guère au jeune Émile, il s'engage deux ans plus tard dans la marine. Il revient à Auxerre au début de l'année 1954, après la campagne d'Indochine. C'est à cette époque qu'il rencontre Simone Delagneau, avec qui il se marie à la fin de l'année. Ils auront quatre enfants : Maryline en 1956, Fabrice en 1957, Noella en 1959 et Fabien en 1961.

Après avoir travaillé quatre ans comme manœuvre dans une usine d'armement, Émile Louis entre à la SNCF comme simple agent, puis comme aiguilleur. Il est peu aimé de ses collègues de travail. Ceux-ci lui jouent des tours pendables, comme de l'arroser au jet d'eau ou encore de l'enfermer une nuit entière dans un bureau pour le punir de son comportement. Quel comportement ? Nous ne le savons pas, car ils restent discrets sur ce qui a motivé leur attitude. Quoi qu'il en soit, la direction régionale de la SNCF a vent de ces brimades et diligente une enquête interne. Il en ressort qu'Émile est fortement soupçonné d'avoir abusé d'une mineure. Les faits ne seront jamais prouvés et l'affaire sera classée en interne, sans avoir été signalée à la justice. Émile Louis change alors d'affectation. Il devient aiguilleur à Saint-Florentin, puis à Moret-les-Sablons, en Seine-et-Marne. En 1967, son fils Fabien, le dernier de la fratrie, a six ans lorsque les Louis décident d'accueillir des enfants de la Ddass à leur domicile, afin d'arrondir les fins de mois. Cet emploi convient parfaitement à Simone, au tempérament doux et très « mère poule », comme le notent les gendarmes dans leur enquête. À Rouvray, où la famille Louis habite, Émile est connu comme un aimable coureur de jupons. Les voisines adorent cet homme qui n'hésite pas à accompagner en voiture de nombreuses femmes du quartier au supermarché, quand il ne propose pas de faire les courses pour elles. Il refuse rarement, ensuite, un petit coup de gnôle à domicile. Les maris de ces dames ne l'apprécient guère – on les comprend –, et ils le lui font largement savoir. Problèmes de voisinage, mauvaise ambiance au travail... Émile Louis profite du nouveau salaire de sa femme pour quitter la SNCF et se fait embaucher dans une usine de freins à Saint-Florentin, à quelques kilomètres de chez lui. Il y reste deux ans, mais il ne s'y plaît guère, malgré les nombreux moments de liberté que lui laisse sa nouvelle activité professionnelle.

La famille Louis déménage en 1970. Ils deviennent gardiens du château de Villefargeau. Simone espère récupérer à cette occasion un mari plus « assidu » à la vie de famille. Mais Émile a décidé de devenir chauffeur routier. Il passe son permis CDE le 18 septembre 1971 et trouve une place aux Rapides de Bourgogne, entreprise locale de transports en commun. Les Rapides couvrent toute la région, mais c'est d'abord en qualité de veilleur de nuit qu'Émile fait ses premières armes, ne faisant au départ que de petits déplacements exceptionnels. La place lui plaît tant qu'il continue à assurer la permanence de nuit, même après avoir obtenu des « rotations » fixes. Il effectue des circuits de ramassage scolaire ou d'entreprise entre la gare routière d'Auxerre et Villefargeau. Le soir, il fréquente le Nicky Bar, situé tout près du garage des Rapides de Bourgogne. Il se lie d'amitié avec Mme Grabowski, la tenancière. L'endroit est un petit relais plus ouvrier qu'interlope. C'est ici, dans une des trois chambrettes en location au mois, qu'Émile installe Françoise Lemoine, en 1973. Comment a-t-il rencontré cette jeune mère de famille ? Il est le seul à pouvoir le dire, car à l'époque il n'est pas encore chargé du transport des élèves de l'IME. Le lien avec les sœurs Lemoine est le plus documenté et, paradoxalement, le moins clair de toute l'affaire. Personne ne sait quand Françoise a définitivement disparu. 1975 ? 1977 ? Sa dernière trace remonte à avril 1975, au Nicky Bar où elle était femme de ménage pour payer en partie sa chambre. C'est là qu'Émile s'est présenté un jour, apparemment contrit de la disparition de sa protégée, pour récupérer les affaires de celle-ci. Qu'en a-t-il fait ? Mystère.

Dans ces années-là, son passe-temps favori est la pêche. Il emmène souvent la jeune Françoise au bord du Serein, une rivière qui contourne Auxerre par le nord, ou dans l'étang de Rouvray où il possède une barque. Christian Jambert se souviendra avoir trouvé un témoin certain d'avoir reconnu Émile Louis jetant, un soir, un « objet encombrant » dans cet étang...

1974, Émile a quarante ans. Le couple a économisé un peu d'argent et fait construire un pavillon à Seignelay. Avec l'âge, Émile Louis provoque moins souvent l'animosité dans son voisinage mais il est toujours très séducteur avec les dames. Une jeune femme, cousine éloignée de la famille, se plaint de ses assiduités. L'affaire est classée.

1977, Émile Louis et Simone Delagneau se séparent. Depuis plusieurs mois, le chauffeur de car a rencontré Gilberte Binoche, qui semble avoir un très grand ascendant sur lui. 1977, c'est aussi l'année de la disparition de Christine Marlot, seize ans (en janvier), de Jacqueline Weis, vingt-cinq ans (le 4 avril), de Chantal Gras, dix-huit ans (le 22 avril), de Madeleine Dejust, vingt-deux ans (en juillet) et de Bernadette Lemoine, dix-neuf ans (date exacte inconnue). On pense que

Françoise Lemoine, vingt-sept ans, sœur de Bernadette, a disparu en 1975. Quant à Martine Renault, seize ans, elle a quitté la maison d'enfants de Montmercy, à Saint-Georges-sur-Baulche, le 26 septembre 1979. On ne l'a plus jamais revue.

On ne sait rien sur ce qui a attiré Giberte Binoche dans le personnage d'Émile Louis. La réciproque est moins vraie : le seul point commun entre Simone et Gilberte est qu'elles s'occupent d'enfants de la Ddass. Nous avons pu parler aux deux femmes, avant leur décès. Mais elles n'ont jamais rien dit à ce propos. Seul Émile Louis pourrait nous éclairer sur ce point.

On peut simplement constater qu'à partir de 1976, il fréquente assidûment les jeunes filles qu'il conduit et noue avec elles des relations amicales et parfois amoureuses. Ses employeurs et les foyers dont elles dépendent lui donnent même l'autorisation d'utiliser son véhicule personnel pour les raccompagner lorsque, certains soirs, elles ne sont plus que quatre à avoir besoin d'être ramenées chez elles. C'est le cas de Madeleine Dejust, qu'Émile reconduit tous les vendredis soirs chez madame Bulcourt au volant de sa GS grise – une voiture que connaît bien la nourrice et dont la présence l'intriguera, un soir de semaine, quelques jours avant la disparition de Madeleine. Ses liens avec les filles handicapées mentales sont vues d'un bon œil par le couple Charrier. Pour eux, Émile Louis est le personnage débonnaire et rassurant à qui elles se confient, et grâce auquel ils sont à leur tour mis au courant des petits secrets d'alcôve et autres confidences des jeunes filles à l'ami Louis. Il arrive toujours en avance à l'IME, boit un verre, discute. Il devient « l'homme à tout faire ». On lui confie quelques menus travaux, un peu de jardinage. Il est toujours prêt à rendre service. Ces relations privilégiées l'ont-elles aidé à devenir conseiller municipal de Seignelay en 1980 ? On peut se poser la question.

Pendant toutes ces années, on doit aussi constater qu'Émile Louis accumule les conquêtes féminines. Il n'est pas rare qu'il soit surpris dans une « position inconvenante », dans sa voiture, stationnée au bout d'un chemin de Seignelay ou de Villefargeau, en compagnie de jeunes filles ou de femmes mariées. Un seul témoin (Guy Préjean) le surprendra avec Sylviane Lesage-Durand, mais on le verra aussi avec d'autres épouses plus ou moins délaissées du voisinage... On pourrait sourire de ce comportement finalement banal, si l'on ne connaissait l'autre facette de la personnalité du chauffeur de car : à la même époque, il agresse sexuellement les jeunes enfants de la Ddass hébergés par sa compagne du moment. Annie et les petits garçons, victimes innocentes dont les plaintes répétées finiront par lui valoir une mise en examen, le 28 décembre 1981. Interrogé et gardé à vue par le gendarme Jambert, il sera placé en détention et condamné par le tribunal d'Auxerre à six ans de prison, en 1983.

En appel, la condamnation est ramenée à quatre ans. En comptant la détention provisoire et les remises de peines habituelles, Émile Louis, qui a été défendu par un célèbre avocat parisien choisi par ses soins, est libéré en février 1984. Interdit de séjour dans l'Yonne, il quitte la région et s'installe à Fréjus, chez la sœur de son ex-épouse. Quelque temps plus tard, Émile Louis essuiera une nouvelle condamnation à la prison pour des agressions sexuelles commises sur des enfants...

Stéphane Munka : en suivant la piste...

À quelques semaines de la diffusion de la troisième émission de « Perdu de vue », notre objectif est de retrouver Émile Louis qui se trouve, nous le savons, « quelque part » dans le département du Var. Son nom n'a jamais été cité à l'antenne, mais il est régulièrement mis en cause comme « le chauffeur de car » par les personnes dont nous diffusons les témoignages. Il est normal de lui donner l'occasion de s'exprimer, à son tour, dans l'émission.

J'active mes contacts à Toulon, à Hyères, au Lavandou et même à Saint-Tropez... Personne ne le connaît. Par des indiscrétions, nous avons appris que la demande d'information sur Émile Louis, reçue quelques mois auparavant à la Brigade de gendarmerie d'Auxerre, émanait de Montpellier. Mais notre demande officielle à la brigade héraultaise est restée lettre morte. Je contacte également les journalistes locaux, les mairies et même les offices HLM, de Sète jusqu'à Nîmes...

Faisions-nous fausse route ? Depuis le début, cette question ne cessait de nous tarauder. Nous étions confrontés à un fait divers retentissant, menant peut-être à la piste d'un tueur en série, et personne d'autre que nous ne semblait s'intéresser au personnage. Comment la justice, pourtant en possession des mêmes éléments, avait-elle pu décider de ne pas instruire pareille histoire ?

Enfin, la chance revient grâce à la gendarmerie, une fois encore. Par hasard ou presque, je téléphone à la gendarmerie de Port-Grimaud. Je me présente. L'émission est connue, et suivie là-bas avec d'autant plus d'intérêt qu'Émile Louis n'est pas un inconnu dans ce petit port de plaisance du Var. « On a connu Émile Louis, ici », m'apprend le commandant A. Je crois que j'en ai eu le souffle coupé.

La remarque du commandant A. s'explique quand on sait ce qu'il est advenu de Joris Viville. Ce petit garçon belge de dix ans passait ses vacances de Pâques avec ses parents dans un camping de Port-Grimaud. C'est là que, le 5 avril 1989, il a croisé le parcours du « routard du crime » Francis Heaulme. Un meurtre odieux, gratuit, pour lequel l'assassin sera condamné en 1997 à la réclusion criminelle à perpétuité. Mais il se trouve – hasard étrange – que le premier suspect des gendarmes a été Émile Louis !

Depuis sa libération de la prison d'Auxerre, Émile Louis vivait, comme on le sait, à Fréjus chez la sœur de son ex-femme Simone. Mais l'entente cordiale a fait long feu car Émile a tenté – on ne se refait pas – d'avoir des relations intimes avec elle. Refus. Il doit partir. Émile se retrouve à la rue. Ses maigres moyens lui permettent toutefois de se loger dans des campings, où il loue des bungalows grâce à ses allocations chômage. Les rares petits boulots qu'il trouve n'améliorent guère son ordinaire. Il essaie alors de renouer avec Simone lors d'une visite aussi rapide qu'illégale dans l'Yonne, en 1987. Simone est un cœur d'artichaut qui aime toujours son ex-mari, mais lors de cette entrevue elle demeure inflexible : elle veut d'abord connaître la vérité sur le destin de Jacqueline Weis. Émile bredouille de confuses explications, lui affirme qu'il est le jouet de puissances occultes, pire, il lui confie qu'il mourra s'il parle. Simone, pas convaincue, le rejette. Émile Louis reprend la route du Midi et s'installe en 1989, par le plus grand des hasards, dans un camping proche de celui où sera commis le meurtre du petit garçon. Les gendarmes consultent leurs fichiers et découvrent le passé d'Émile Louis. Le commandant A. commente : « On savait que le gars avait été condamné pour mœurs. Et quand on a eu l'assassinat du petit Joris, c'est le premier à avoir été mis en garde à vue.

Je crois qu'il vivait dans le même camping, ou juste à côté. Il a été innocenté par la suite puisque Francis Heaulme a été condamné. Ceci dit, votre Louis, je me souviens qu'il est tombé la même année, encore une fois pour une affaire d'attouchements sur mineurs. » Explication : à peine Louis a-t-il quitté le camping de Port-Grimaud pour celui de Roquebrune qu'une plainte pour attouchements sur mineurs le conduit de nouveau en garde à vue. Cette fois, c'est un frère et une sœur, âgés respectivement de onze et treize ans, qui se plaignent des « caresses » prodiguées par Émile Louis, lorsque celui-ci, toujours « serviable », les gardait à la demande de leurs parents qui étaient ses voisins. On retrouve dans cette affaire la stratégie ancienne d'Émile Louis, la signature de ses forfaits.

Transféré à la maison d'arrêt de Draguignan, puis aux Baumettes à Marseille, il effectue sa peine dans la fameuse prison corse de Casabianda à usage presque exclusif de personnes incarcérées pour des affaires de mœurs, les « pointeurs ».

Émile Louis a été condamné à cinq ans de prison pour attouchements sur mineurs. Il sera libéré le 18 avril 1992, après trois années effectives de réclusion. Depuis cette date, il aurait rencontré une nouvelle compagne et vivrait chez elle. Où ? Le commandant A. n'en est pas certain, peut-être du côté de Toulon. Dans la région de Toulon ou de Draguignan. Mais nous ferons chou blanc.

Jacques Pradel : la troisième émission de « Perdu de vue » (3 juin 1996)

Nous entrons dans notre dixième mois d'enquête sur l'affaire des disparues de l'Yonne. Ces quatre derniers mois, nous aurons donc consacré trois éditions de « Perdu de vue » à lancer des appels à l'antenne pour retrouver, sinon les jeunes filles, que nous pensons assassinées, du moins des membres de leurs familles et des témoins de l'époque qui pourraient faire progresser nos investigations. En ce début de juin, je rappelle à nos téléspectateurs que Jeanne Beaufumé et Pierre Monnoir, membres dirigeants de l'Association de défense des handicapés de l'Yonne, ont tiré la sonnette d'alarme en s'adressant à nous alors que personne ne semblait s'inquiéter du sort de ces jeunes filles disparues dans les années soixante-dix à quatre-vingt.

Je commence l'émission par un point de l'enquête, en signalant que les informations recueillies par notre équipe sont de plus en plus inquiétantes. Je donne ensuite la parole à l'un des neuf avocats qui ont répondu à l'appel lancé le mois dernier. Je rappelle que l'association n'a trouvé aucun défenseur dans son département et je présente Me Pierre Gonzalez de Gaspard, que je connaissais pour l'avoir eu comme intervenant dans une autre émission de TF1, quelques mois plus tôt, en qualité d'avocat du tueur en série Francis Heaulme.

Mes premières questions sont directes, pratiques. Que peut-on faire légalement ? Comment monter un dossier judiciaire ? Quelle sorte de plainte peut-on déposer ? Qui doit le faire ? Y a-t-il une chance de réussir à faire ouvrir une information officielle, pour qu'on se préoccupe enfin sérieusement du sort des sept disparues ? Pierre Gonzalez de Gaspard entre immédiatement dans le vif du sujet : « J'ai pu mesurer l'angoisse des familles. J'ai dit oui car elles méritent d'être défendues. » Et il ajoute : « Les opérations ont commencé. J'ai pris contact avec monsieur le procureur de la république d'Auxerre. Je suis saisi actuellement par cinq familles. Le dossier est déjà passé entre les mains du doyen des juges d'instruction d'Auxerre. On va essayer de faire très vite... » Je l'interroge sur l'éventualité que la justice oppose à sa démarche l'argument de la prescription pour des faits qui remontent à une quinzaine d'années. La plupart des avocats avec qui j'avais discuté à la suite de notre dernière émission avaient tous évoqué spontanément cet aspect technique. Réponse de Pierre Gonzalez de Gaspard : « Si la prescription est invoquée, nous lutterons contre cet argument. Je dévoilerai ma stratégie en temps utiles. »

J'annonce que nous allons maintenant diffuser un témoignage qui nous paraît très important, et dont nous offrons la primeur aux téléspectateurs ce soir.

« Un homme nous a contactés à la suite de la dernière émission. Il a été chauffeur de car dans la même compagnie que celle de l'homme qui est souvent cité par les témoins de l'époque. Il est prêt à témoigner devant la Justice si on le lui demande. Dans le document que nous allons voir, nous avons volontairement "flouté" les lieux où nous avons enregistré et filmé son témoignage, vous allez comprendre pourquoi tout de suite. » Ce procédé technique est utilisé en général pour rendre méconnaissables les visages d'enfants ou de personnes dont on veut préserver l'anonymat. Dans le document que les téléspectateurs découvrent, c'est le décor qui est flou de façon à préserver le secret de l'endroit où nous avons filmé, dans les environs d'Auxerre.

L'homme qui témoigne explique : « J'étais chauffeur dans la même entreprise... En mai 1981, je suis venu déposer des scolaires au village voisin. En passant près de l'endroit où nous sommes, j'ai vu, depuis la route, la personne dont on a parlé dans l'émission à plusieurs reprises. Il était en train de creuser une fosse dans le champ qui est un peu plus loin. Il y avait un tas de terre d'un mètre le long de la clôture. J'ai donc pensé que la fosse était profonde. Quand j'ai regardé votre émission, j'ai pensé que mon témoignage pouvait être utile. Je suis prêt à le confirmer si on me le demande. »

Retour sur le plateau où je signale la présence de monsieur Jean-Pierre Weis, le frère de Jacqueline, retrouvé grâce aux appels du mois dernier. Il raconte son enfance difficile et confirme que sa sœur et lui ont été placé ensemble à la garde d'Émile Louis et de sa compagne. Il ajoute : « La dernière fois où on a vu ma sœur, ce monsieur devait l'accompagner à Avallon où il disait qu'il lui avait trouvé du travail. Depuis, on n'a plus jamais revu Jacqueline. » Jean-Pierre Weis nous communique une photographie de sa sœur, ce qui nous permet de remplir une des cases vides – il ne manquait alors plus que le portrait de deux de nos disparues. Je suis en mesure, dès cet instant, de confirmer à notre public que nous avons retrouvé, en trois émissions, des membres de toutes les familles, que ces personnes vont rejoindre l'association et se porter partie civile dans la plainte officielle qui sera bientôt déposée par Me Gonzalez de Gaspard auprès du doyen des juges d'instruction d'Auxerre. C'est sur cette note positive que je mets fin à la séquence « Les oubliés », en promettant de faire un nouveau bilan de l'affaire dès notre émission de septembre, puisque « Perdu de vue » va s'interrompre pendant les deux mois d'été.

Stéphane Munka : Appoigny fin

Il faut reprendre l'affaire d'Appoigny. Trop de doutes, de questions sans réponse. J'imagine encore inlassablement d'autres scénarios possibles à toute cette chronique icaunaise. Et si Émile Louis n'était pas le coupable ? Si tout ceci n'était qu'un gigantesque Meccano destiné à couvrir les exactions de « notables » ? Existe-t-il un lien direct entre Émile Louis et Claude Dunand ? Difficile à envisager. Les dates, éventuellement, coïncident. Monique et Claude Dunand emménagent à Appoigny à la fin de l'année 1979, Émile Louis est incarcéré deux ans plus tard. Voilà une période suffisante pour envisager un crime ensemble, mais ont-ils seulement pu se rencontrer ? De plus, leurs profils ne correspondent pas : Claude Dunand est un sado-masochiste à rayonnement national, tandis qu'Émile – dont le profil relève plutôt de la psychopathologie – frappe de manière locale. La géographie m'incite elle aussi à la prudence : le terrain d'action d'Émile se situe au nord d'Auxerre, autour des confidentielles communes de Seignelay, Rouvray et Pontigny. Appoigny est situé plus à l'ouest, le long de la très ouverte nationale 6, sur l'autre rive de l'Yonne. Presque un monde différent. Ceci dit, nous savons qu'Émile s'est déjà rendu à Appoigny : René X. l'a d'ailleurs confirmé. Mais le lien est trop ténu. Enfin, les crimes de Claude Dunand ne commencent qu'en fin 1983, bien après la première incarcération du présumé tueur en série. S'il faut à l'évidence éluder une relation entre les deux criminels, restent beaucoup de questions que Pierre Monnoir soulève à juste titre et qui, elles, esquissent la possibilité d'un réseau et d'une tout autre histoire. Reprenons.

Le vendredi 20 janvier 1984, Huguette raconte son incarcération dans le pavillon de Claude Dunand aux médecins de l'hôpital d'Auxerre. Pourquoi le SRPJ de Versailles n'interviendra-t-il que le lundi suivant ? Lorsque le substitut du procureur est saisi de l'affaire, il en informe par téléphone le procureur René Meyer, qui lui rétorque être déjà au courant. Par qui et pourquoi ? Et par quel hasard Jacques Moreau se trouve-t-il précisément attablé avec le substitut du procureur lorsque parvient cet appel ? De quel droit accompagne-t-il ce fameux substitut, Daniel Stilinovic, jusqu'à Appoigny ? Pourquoi ensuite Claude Dunand ne met-il pas ces soixante-douze heures de répit à profit pour faire disparaître toute preuve, et éventuellement libérer ou supprimer Mickaëlla, sa seconde captive ? Enfin, de tous les présumés clients de Dunand, pourquoi seulement un seul se retrouvera-t-il sur le banc des accusés ? Et pourquoi la rumeur insiste-t-elle tant sur le fils d'un notable local, bizarrement décédé avant le procès ? On parle aussi d'un carnet opportunément disparu, ou simplement de deux pages arrachées. Que pouvaient-elles contenir ?

Mon fax de demande d'informations concernant le dossier Appoigny, adressé au service de presse de la police nationale, est très aimablement validé par le ministère de l'Intérieur et, de surcroît, agrémenté d'un rendez-vous de rare qualité : le policier qui a en personne conduit l'enquête. Le privilège est d'autant plus grand que Daniel Guérin est en retraite depuis quelque temps. Pour la première fois de ma petite carrière, je me rends au prestigieux SRPJ de Versailles. En retard, comme d'habitude. Mais aussi perplexe. J'avais tenté de joindre en « off » et à plusieurs reprises un certain Vialatte, inspecteur icaunais qui m'avait été présenté par mes connaissances locales comme le flic qui avait « fait » l'affaire. Une fois, nous nous étions parlé, sans échanger aucune information valable. L'arrivée d'un nouvel inspecteur dans cette affaire était pour le moins dérangeant.

Sur la chemise posée sur la table est écrit 38, le numéro de l'affaire. Daniel Guérin fait mine de l'entrouvrir, mais on devine qu'il s'en souvient comme si c'était hier, ce qui tend à confirmer qu'il est bien le policier qui a conduit l'enquête. Le personnage est souriant, sympathique. À la manière qu'il emploie pour dire bonjour, aux premières phrases échangées, la distance due à nos fonctions disparaît. Notre différence d'âge aussi. Je pressens que Daniel Guérin ne conduira pas notre entretien comme le font trop de flics, avares de jugements personnels, respectueux du secret et de la hiérarchie, ce qui est normal, mais presque cliniquement indifférents, ce qui l'est moins ! Pour jauger mon interlocuteur, j'avais un truc, déjà testé avec succès auprès de nombreux représentants de la loi. Dans mes premières questions, je glissais invariablement la phrase suivante : « Quand vous vous êtes rendus sur place, qu'avez-vous ressenti ? » Une question sans intérêt. La majorité des flics, ça ne rate quasiment jamais, glissent dans leur réponse le célèbre « on s'est transporté sur les lieux... », ou pire : « On s'est véhiculé. » Du langage de procès-verbal, démontrant, au choix, le retrait de l'homme au profit de la fonction ou bien le formatage de l'institution sur la personnalité. Dans les deux cas, on s'en tire au mieux avec les faits bruts. Parfois avec rien. Daniel Guérin commence sa réponse par « quand j'y suis allé... » le reste importe peu. On peut effectivement y aller.

Pour commencer, j'ai droit à une prérogative assez rare, même pour les journalistes habitués du lieu. Daniel Guérin m'ouvre le dossier d'enquête, me montre les photographies prises par l'identité judiciaire lorsque la police a investi le pavillon d'Appoigny. On n'y voit ni les Dunand, ni Mickaëlla, mais l'attirail sadomasochiste au complet dans la cave : les madriers, le crochet de fer au centre auquel étaient suspendues les victimes, l'affichette sur laquelle étaient inscrits les tarifs, les chaînes, l'auge dans laquelle les filles buvaient... Une galerie des horreurs commentée par mon guide. Mais là n'est pas ma préoccupation majeure, car je suis déjà convaincu du caractère sordide de ce fait divers. Je tente néanmoins le coup de la récup', lui demande si je peux « emprunter » les photos. Il rit, de l'air de celui à qui on ne la fait pas, à qui on l'a trop fait, aussi. J'ai choisi de conduire l'entretien autour des clients de Dunand : pourquoi ont-ils été si peu nombreux au procès ? Une interrogation hors de propos lorsqu'on a affaire à un représentant de la police, et pas de la justice. Je pose néanmoins mes questions, obtiens quelques réponses assez imparfaites avant que Daniel Guérin me corrige définitivement : « Vous faites fausse route. Vous pensez en termes de coupables, il faut d'abord réfléchir aux victimes. Laissez-moi vous raconter... »

Le couple Dunand a beaucoup voyagé, au gré des mutations de Claude. C'est en effet à la fin de l'année 1979 qu'ils s'installent pour la première fois dans l'Yonne. Claude s'investit très vite dans la vie locale en intégrant durant ses heures de loisir la radio auxerroise qui vient de se créer. ça n'en fait pas un notable, tout juste un personnage en vue, qui n'hésite pas à se qualifier lui-même de « chaud lapin » auprès de ses nouveaux amis. Il fait rire, parfois il interloque, et rencontre très peu de personnes versées comme lui dans le sexe débridé. Nous sommes encore loin d'un réseau. La clef pour comprendre la dérive criminelle de Claude est sa femme. Selon Guérin, qui l'a maintes fois interrogée, Monique est véritablement victime de son mari. C'est presque malgré elle que Monique atteint les limites de sa sexualité, son corps ne peut plus souffrir les sévices, sa morale n'accepte plus la prostitution, l'avilissement global auquel elle est réduite. Alors Claude a l'idée d'améliorer cet ordinaire devenu insupportable en recrutant des jeunes filles. Il ne s'agit alors que d'en abuser légèrement, pas de les séquestrer.

La vieille mère de Claude vivant avec le couple, le projet germe d'embaucher une jeune fille qu'il séduirait et convertirait à ses pratiques. Dans ce plan rêvé, Claude s'imagine presque en Pygmalion. Huguette est engagée en octobre 1983. L'illusion est de courte durée, l'histoire d'O tourne vite au très glauque fait divers. Devant le refus qu'Huguette oppose à ses avances, Claude la séquestre dans la cave. L'engrenage criminel est en marche, avec la bénédiction de Monique qui finit par encourager le bourreau. Souvent, Daniel Guérin insiste sur l'état de faiblesse morale dans lequel se trouvait la femme de Claude Dunand à cette période. Il ne l'excuse pas mais la comprend. Il va jusqu'à la défendre lorsqu'il raconte qu'une fois consciente de leur acte innommable, Monique n'a eu de cesse d'améliorer l'ordinaire de la captive. Pour lui, c'est clairement Monique qui a délivré Huguette ce fameux 20 janvier 1984.

C'est donc le dimanche 22 janvier au soir, soit quarante-huit heures plus tard, que Daniel Guérin et ses hommes du SRPJ de Melun investissent le pavillon d'Appoigny. Le service est au courant de l'affaire dès le vendredi soir, mais décide d'intervenir le plus tard possible. Si l'ex-captive a dit la vérité, le week-end est un moment propice pour identifier les clients susceptibles de se rendre dans le fameux pavillon. Ordre est donné à un inspecteur qui habite la région de « planquer » devant la maison, un certain Vialatte. Les rapports qu'il envoie durant le week-end font état d'un calme plat autour de l'allée des Violettes. La justice s'organise, le procureur est tenu au courant et l'intervention de la police est prévue pour le lundi matin. Mais un élément vient précipiter les choses : *L'Yonne Républicaine* a eu vent de l'affaire et cherche à obtenir des informations. L'intervention de la presse fait craindre le pire à Daniel Guérin, qui décide d'avancer l'intervention au dimanche après-midi. Dans l'urgence, le substitut du procureur Daniel Stilinovic est appelé.

Comment la presse a-t-elle été mise au courant ? Les premiers soupçons se tournent vers l'inspecteur Vialatte, chargé de surveiller la maison des Dunand, mais il sera tout de suite mis hors de cause. Une enquête interne diligentée à la demande du procureur fait vite apparaître une fuite au sein du ministère lui-même : un fonctionnaire désireux d'entretenir de bonnes relations avec certains journalistes a failli compromettre par là l'enquête de police, il sera sanctionné. Contrairement à la légende, il ne s'agit en aucun cas d'une fuite organisée par un « client » de Dunand issu de ce même ministère : pourquoi aurait-il alerté la presse ?

Cette péripétie ne règle en rien la question du retard accusé pour la libération de la seconde captive. Si les enquêteurs avaient réellement pris conscience qu'une autre femme était maintenue séquestrée dans le pavillon, n'était-il pas urgent de tenter de la libérer le plus rapidement possible ? Pourquoi attendre un week-end entier ? Selon Daniel Guérin, ce retard est dû à l'enquête, à la nécessité de confondre d'éventuels clients qui, selon les déclarations d'Huguette, venaient surtout le week-end. Pour lui, la question n'est pas de savoir pourquoi la justice accuse ce retard, mais bien plutôt de comprendre pourquoi Claude Dunand ne met pas à profit ce répit pour détruire les preuves – il faut comprendre par là l'élimination physique de Mickaëlla. Question corollaire : si Dunand ne semble pas s'inquiéter de la « libération » d'Huguette, faut-il imaginer qu'elle n'est pas la première à s'être échappée et à avoir tenu sa langue ? Du 22 janvier 1984 au 29 août de cette même année, Daniel Guérin travaillera sur l'hypothèse que Dunand aurait pu en venir au meurtre, et/ou séquestrer d'autres jeunes filles. Il fait retourner le terrain du pavillon, interroge sans relâche Claude, et surtout Monique dont il a su gagner la confiance. En fin d'enquête, l'hypothèse semble exclue mais, pour cette fois, l'enquêteur avoue avoir toujours conservé un doute. « Il faut penser aux victimes, avant les bourreaux. »

Daniel Guérin a bien entendu cherché à savoir si des jeunes filles avaient disparu pendant la période durant laquelle Claude et Monique Dunand avaient vécu près d'Auxerre. À l'époque, aucun fichier national n'est tenu. Mais au niveau local les gendarmes, qui connaissent bien leur région, sont formels : rien à signaler. Christian Jambert demandera bien au substitut du procureur Daniel Stilinovic l'autorisation d'avoir accès au dossier d'Appoigny, dans l'espoir que son enquête recoupe celle des disparues, mais sa demande sera refusée, pour des raisons de compétences judiciaires. C'est une affaire qui appartient au SRPJ, pas à la SR de gendarmerie. Petit exemple de friction entre polices...

Reste la question des clients. Huguette affirme s'être emparée en s'enfuyant de documents compromettants, qui prouveraient l'existence d'un réseau. Daniel Guérin n'en a pas le souvenir. Lui parle de magazines, peut-être emportés par Huguette, mais de toute façon saisis à profusion lors de la perquisition. La revue du *Club Amour* – qui se révèle ne pas être le nom du réseau de Claude Dunand mais un simple magazine – est éditée par la maison lyonnaise SIP, et se compose essentiellement de petites annonces spécialisées. Différentes éditions s'adressent aux couples, aux homosexuels, aux sado-masos... Très vite, les éditeurs de la revue sont mis hors de cause dans l'affaire d'Appoigny ; leur ordinateur est tout de même saisi afin d'avoir accès à la liste des abonnés. À ce propos, la rumeur veut que le disque dur ait été accidentellement effacé. Guérin dément. La preuve : plus de quatre cents personnes ont été interrogés dans cette affaire, sur la base du fichier des éditions SIP.

À l'aide de l'agenda, des deux carnets d'adresse en cuir noir saisis au domicile et des relevés téléphoniques, l'équipe du SRPJ de Melun parvient à identifier trente clients potentiels de Dunand. Tous sont venus au pavillon d'Appoigny et ont vu au moins une des deux filles. Certains n'ont rien fait, impressionnés par le décorum sado-masochiste, déconcertés par l'ambiance glauque du lieu. D'autres ont consommé, mais assurent avoir cru que les filles étaient consentantes. Seuls deux clients reconnaissent avoir été au courant de la séquestration, et être même venus précisément pour ça.

De l'enquête de Daniel Guérin, le juge d'instruction conservera tout d'abord dix clients potentiellement « violeurs ». Mais l'insuffisance de preuves et la défense, chaque fois identique, assurant qu'aucun n'était au courant de la séquestration, fera fondre les inculpations comme neige au soleil. Au final, deux clients seront inculpés. Un seul sera condamné à cinq ans d'emprisonnement. Quant au dernier, Georges E., il décédera avant le procès. Daniel Guérin me laisse le soin de corriger par moi-même les approximations que la rumeur avait apportées.

Enfin, reste la question du fameux rapport perdu faisant état de la présence de Nicole Charrier à Appoigny. Daniel Guérin ne sait pas de quoi je parle. Il est exact que Huguette et Mickaëlla ont toutes deux transité par des institutions de l'Apajh ou de la Ddass. La première était au foyer de la Ddass de Montmercy. La seconde était à l'IME de la Grattery, à la même époque que trois des disparues d'Auxerre. Dans un entretien ultérieur, Mickaëlla confiera d'ailleurs ses souvenirs sur Émile Louis, qu'elle prétend avoir connu, mais aussi sur le couple Charrier : « Lui, c'était un gros dégueulasse. » Décidément, Auxerre est bien petit. Est-ce pour autant que Charrier aurait poussé Mickaëlla dans les griffes de Dunand ? Et que penser de la proximité du pavillon des Dunand avec le restaurant de René X. ? Laissons les victimes répondre à ces amalgames faciles : jamais elles n'ont entendu parler de René X., ni accusé Charrier, Louis ou d'autres.

Aujourd'hui, je retrouve sur le vieux cahier de l'époque, où j'avais consigné tout l'entretien avec Daniel Guérin, cette mention écrite de ma main et datée de février 1997 : « Conclusion rendez-vous Appoigny : pas de lien avec E.L. Affaire classée »... Le propre des rumeurs étant de renaître éternellement de leurs cendres, il nous a paru utile de rétablir la vérité sur cette enquête. Ce qui vient d'être raconté explique aussi pourquoi l'enquête de « Perdu de vue » n'a jamais fait état d'un possible rapprochement entre l'affaire des disparues de l'Yonne et le fait divers d'Appoigny.

Jacques Pradel : Pierre Gonzalez de Gaspard, portrait

La prochaine émission de « Perdu de vue » aura lieu à la rentrée de septembre. Nous avons demandé à Stéphane d'assurer le suivi de l'affaire pendant l'été car nous savons que dans quelques jours, au début du mois de juillet, l'avocat Pierre Gonzalez de Gaspard va déposer plainte officiellement à Auxerre au nom des familles de disparues. On sait que ce brillant avocat du barreau de Paris a accepté, à la suite d'un appel à l'antenne, d'aider les familles et l'association dans leurs démarches auprès de la justice. Il est temps d'en dire un peu plus sur l'homme, sur son parcours professionnel et sur les circonstances qui ont entouré son dépôt de plainte au palais de justice d'Auxerre.

Né en 1928, Pierre Gonzalez est issu d'une famille espagnole qui s'est illustrée dans la résistance à Napoléon. Il est inscrit au barreau de Paris. Au début de sa carrière, c'est le droit commercial et celui des assurances qui lui procurent ses plus belles réussites : il travaille pour de grands comptes comme un constructeur automobile allemand ou une fameuse entreprise d'agro-alimentaire. La vocation internationale de son cabinet et ses succès professionnels lui permettent d'investir de beaux locaux au cœur du huitième arrondissement de Paris. Sa passion pour l'art l'amène à entretenir une « danseuse » : la galerie à laquelle il consacre énergie et argent dès que la fréquentation des prétoires lui en laisse le temps.

Au barreau, il est plutôt classé dans la catégorie des trublions. Il aime la presse et en est aimé, au risque d'indisposer ses collègues et les procureurs. Il se déplace rarement sans une escouade de caméras, et souvent sans en informer à l'avance les palais de justice qui voient d'un œil courroucé leurs parterres marbrés se transformer en salles de presse improvisées ! Son goût pour la « comédie humaine » et les auteurs du XIXe siècle le porte tout naturellement à s'intéresser aux faits divers. Il défendra ainsi Francis Heaulme, Pierre Chanal, et une victime de Michel Fourniret. On le voit aussi sur l'affaire Dickinson ou encore plaider et obtenir la relaxe de « Maud », en 2000, au parquet de Reims : prostituée occasionnelle kosovare, Maud a été la première à comparaître pour le délit de racolage passif institué par Nicolas Sarkozy. Le texte de loi a fait long feu devant la défense de Pierre Gonzalez, qui a obtenu la relaxe en arguant « qu'il ne peut y avoir d'attitude passive dans le racolage ».

Ce genre d'argumentation est la marque de « Gonzalo », comme le surnomment ses amis. Pour lui, le droit n'est qu'un mode de pensée qu'il a largement intégré, et dont il joue à la manière d'un poète. À la barre, pas d'effets de manches outranciers, mais le don de transformer les textes de loi en littérature. Équilibriste des mots, champion de l'interprétation... Ce sont ces qualités qui, dans le dossier des disparues d'Auxerre, permettront l'impensable : l'ouverture d'une information judiciaire. Une fois en possession des éléments de l'affaire dont nous disposons, il ne faut pas vingt-quatre heures à l'avocat pour trouver la faille légale à la prescription : « L'enlèvement et la séquestration arbitraire sont des crimes continus dans le temps. » La prescription ne s'applique qu'aux crimes *avec* cadavres. Tout est une question d'interprétation.

C'est donc une « plainte avec constitution de partie civile pour enlèvement et séquestration » que Pierre Gonzalez de Gaspard dépose au tribunal d'Auxerre le 3 juillet 1996. Sur les marches du palais, un attroupement autour de l'avocat est constitué des familles des victimes, de notre équipe de tournage, du correspondant local de l'AFP et de France Bleu, ainsi que d'un journaliste de *VSD*. Ce « cirque médiatique » est peu apprécié du procureur Jacques Cazals, qui aurait préféré être prévenu de la présence d'un tel attroupement. Passé cette première confrontation folklorique entre les méthodes diamétralement opposées des deux hommes, l'enjeu qui se dessine est financier. Tous deux doivent s'entendre sur le montant des provisions à déposer pour la plainte. La constitution de partie civile est un acte qui consiste à obliger la justice à instruire une plainte jugée irrecevable par le procureur. Elle contraint en quelque sorte la justice à se saisir d'une affaire à condition de provisionner une somme, dont le montant est laissé à l'appréciation du doyen des juges d'instruction. Moins la plainte a de chances d'aboutir, plus la personne est éloignée des faits qu'elle dénonce, et plus cette somme est importante. L'argent est perdu si, au terme de l'instruction, la plainte apparaît comme infondée ; il est au contraire rendu en cas de succès.

Ce jour-là, le doyen demande cinq mille francs (sept cent cinquante euros) par disparue. Personne ne peut prétendre libérer tant d'argent. Naturellement, les regards se tournent vers nous, TF1. Mais il est impensable d'engager la chaîne ou nous-mêmes sur ce terrain. Ce serait mélanger les genres, outrepasser notre rôle. Pierre Monnoir et l'Adhy réunissent dix mille francs, la somme pour deux disparues. Le choix se porte sur Christine Marlot et Jacqueline Weis. Nos caméras enregistrent les réactions des uns et des autres en vue d'une diffusion dans le cadre de l'émission de septembre.

Stéphane Munka : la valse des journalistes

C'est donc l'été. Dans quelques jours, le 3 juillet, aura lieu le dépôt officiel de la plainte des familles au palais de justice d'Auxerre. Nous avons décidé avec Jean-Marie Perthuis et Jacques Pradel de profiter de cette trêve annuelle pour mobiliser nos confrères de la presse, car nous nous sentons un peu seuls depuis le début de notre action. Nous souhaitons que d'autres que nous viennent renforcer l'action de l'association et des familles des disparues, et fassent savoir à l'opinion publique qu'une plainte officielle a été déposée à Auxerre. Nous savons que nous ne parlerons pas éternellement des disparues à la télévision. Que d'autres prennent le relais est notre souhait le plus cher. Nous savons aussi que la pression médiatique aide parfois les institutions à « se réveiller ». En l'occurrence, il serait bien temps !

Tous les soirs, je prends l'apéritif avec un journaliste différent. Inlassablement, je débite la même histoire, celle d'un homme qui aurait assassiné sept jeunes filles, comment il aurait procédé, comment l'affaire fut oubliée, comment Pierre Monnoir est tombé sur des rumeurs... En face de moi, il y a ceux qui ont été attirés par une histoire croustillante, celle d'un réseau mouillant politiques et notables, et qui repartent déçus ; et il y a ceux qui veulent un serial killer tout cuit pour leurs pages d'été, et que mes doutes, mes mises en garde, mes questions ouvertes ne satisfont pas. Il y a aussi ceux qui n'y croient pas. J'essaie de les convaincre de notre bonne foi, j'attire leur attention sur le fait qu'un gendarme a mené l'enquête à l'époque des faits mais qu'il n'a pas été entendu. Au fil des semaines, je retrouve dans la presse quotidienne, dans *Le Nouvel Observateur*, dans *L'Événement du Jeudi*, une brève ou une colonne sur l'affaire, au ton un peu acide. Beaucoup ont contacté directement les institutions locales. Je lis des citations de Georges Decuyper et même, une fois, du conseiller général Henri de Raincourt. Tous assurent que les institutions n'ont pas failli. Du genre « Circulez, y a rien à voir ! »...

Deux journalistes me croient, et pas des moindres. Le premier est Patrick Boitet. Lauréat du prix Albert Londres, Patrick est directeur de la rédaction de Théopresse, l'agence qui produit « La Marche du Siècle », l'émission présentée par Jean-Marie Cavada sur France 3. Il est venu en délégation avec deux autres pointures du journalisme, Pascal Richard et Nicolas Jacobs. Dès l'apéritif, la conversation prend une mauvaise tournure quand ils veulent tout savoir des dessous de l'affaire, et notamment de ses éventuelles ramifications politiques. Je me lance avec une certaine candeur dans les explications, n'oubliant ni une date de naissance, ni un doute, ni une rumeur à confirmer. Leurs visages passent du sourire à l'intérêt, puis l'écoute se fait attentive. Je sais, par habitude, qu'il me faut en moyenne quarante-cinq minutes pour raconter l'affaire, et un temps équivalent pour répondre aux questions. Au bout du temps réglementaire, les trois professionnels ne savent pas comment aborder un tel embrouillamini dans leur émission, mais ils me promettent d'y réfléchir sérieusement. La promesse restera lettre morte, mais cette rencontre fera beaucoup pour valoriser l'affaire au sein de la petite tribu des journalistes.

Après Patrick, le second journaliste à me croire est Didier Contant, rédacteur en chef de l'agence de presse photo Gamma. Ce personnage influent est connu de tous. Puisqu'on mesure l'importance sociale aux déjeuners en ville, c'est donc à midi que nous nous retrouvons plutôt que le soir à mon café habituel. Je débite mon histoire, Contant est enthousiaste. Il accepte de relayer notre enquête dans la presse à condition que je lui fournisse les photographies des disparues que nous avons récoltées. Ma direction accepte sans aucune exigence financière, l'agence Gamma est ravie.

Un accord est également trouvé avec l'hebdomadaire *VSD*, qui va consacrer six pages à l'affaire. C'est à cette occasion que je vais rencontrer Frédéric Vézard. Le garçon travaille pour *VSD*, pose les bonnes questions, veut éviter de se noyer dans la thèse du réseau si chère à mes autres confrères. Où les autres envisageaient d'avoir la peau d'un potentat local, lui préfère imaginer la piste du tueur en série. Les jeunes filles, ça l'intéresse. Comment étaient-elles ? Quel était leur niveau de handicap ? Avaient-elles du discernement ? Avaient-elles un profil comparable aux victimes d'Appoigny ? Pourquoi n'y a-t-il aucun lien entre les deux affaires ? Je lui donne tous les contacts. On s'entend bien. À partir de ce jour, Frédéric Vézard fera un travail remarquable, qui perdure encore aujourd'hui. La couverture qu'il a faite de l'affaire au fil des années, à *VSD* d'abord puis au *Parisien*, pèsera de tout son poids face à une justice parfois un peu indolente. Pour l'heure, nous convenons d'organiser à Auxerre conjointement avec Gamma une séance photo regroupant toutes les familles des disparues, le 3 juillet, jour du dépôt de plainte en constitution de parties civiles par Me Gonzalez de Gaspard. La photo fera le tour du monde des années plus tard. On y voit, côte à côte un membre de chaque famille, brandissant une grande photographie de chaque disparue.

Voir pour la première fois l'affaire des disparues de l'Yonne correctement traitée et relayée par *VSD* nous réconforte. Bien sûr, ce premier reportage pèche à mon goût par omission, mais c'est enfin l'espoir que l'affaire survivra à l'émission. La dernière émission de « Perdu de vue » consacrée au dossier est prévue pour la rentrée de septembre 1996.

Jacques Pradel : le gendarme Jambert s'explique à l'antenne

Le monde a changé en cet été 1996. Le 13 août dernier, le pédophile Marc Dutroux a été arrêté en Belgique. Le 15, une fillette de douze ans, Sabine Dardenne, et une adolescente de quatorze ans, Laetitia Delhez, ont été retrouvées vivantes. Sabine avait passé quatre-vingts jours dans une cache aménagée dans une cave. Elle y avait été rejointe par Laetitia, enlevée cinq jours seulement avant leur libération à toutes deux. Un mélange d'horreur et de soulagement secoue l'opinion publique en Belgique et en France. Le drame a atteint son comble le 17 août, lorsqu'on a exhumé, sur les indications de Dutroux, les corps de Julie et Mélissa, deux petites filles enlevées par le « monstre de Charleroi » un an auparavant. Le 3 septembre, c'est la découverte des corps d'An Marchal et Eefje Lambrecks, dix-sept et dix-neuf ans, vraisemblablement enterrées vivantes par leur tortionnaire.

Six enlèvements, quatre assassinats, des enquêtes ratées, de graves dysfonctionnements de l'institution judiciaire, une affaire majeure qui fera trembler le gouvernement belge sur ses bases et jettera dans la rue, nous ne le savons pas encore, plus de trois cent mille personnes réunies par la « marche blanche » !

Nous pensons à Émile Louis, aux sept jeunes handicapées mentales enlevées et vraisemblablement assassinées dans l'indifférence de nos propres institutions. Nous avons soigneusement préparé l'émission de rentrée de « Perdu de vue » et programmé une ultime séquence des « Oubliées ». C'est notre dernière chance de mobiliser l'opinion française et la justice. Nous espérons que les efforts accomplis au cours d'un an d'enquête déboucheront enfin sur l'ouverture d'une information judiciaire. Nous avons tout fait pour cela.

Générique. J'annonce tout de suite aux téléspectateurs que notre enquête pourrait déboucher sur quelque chose d'énorme. Un drame comparable à ce qui vient de se passer en Belgique. Nos caméras montrent, dans l'espace réservé au public du plateau, des représentants de toutes les familles des disparues de l'Yonne. Contre leur poitrine, un panneau représentant un portrait agrandi de chaque jeune fille. Les familles manifestent ainsi leur désir d'aboutir à la manifestation de la vérité et de savoir enfin ce qui s'est passé ! Je donne la parole à l'avocat, Me Pierre Gonzalez de Gaspard. Il annonce qu'une plainte avec constitution de partie civile pour enlèvement et séquestration arbitraire a été déposée officiellement devant le doyen des juges d'instruction d'Auxerre, le 3 juillet dernier. Nos caméras étaient présentes. Elles montrent la scène. Lorsque je lui demande si un juge d'instruction a enfin été chargé d'enquêter, l'avocat explique que, malheureusement, « il va falloir un peu de patience, que les choses sont très longues... ». Il révèle, à la grande stupéfaction de tous, que le tribunal d'Auxerre demande préalablement aux parties civiles la constitution d'une somme de cinq mille francs par famille avant de se prononcer sur la recevabilité de la plainte ! Est-ce une ultime tentative d'écarter les parties civiles et d'empêcher ainsi l'affaire de rebondir ? Demander une telle somme à des familles défavorisées, qui vivent déjà en partie des aides publiques, est, de mon point de vue, un acte scandaleux ! Nous apprenons par Me Gonzalez de Gaspard qu'ainsi va la justice en France. L'avocat prend l'exemple de l'affaire de Bruay-en-Artois où la caution avait été fixée à mille francs. Il précise : « Pour l'instant, nous avons consigné pour deux familles. Nous allons essayer de réunir les autres sommes le plus rapidement possible. » La justice exige donc une somme globale de trente-cinq mille francs – soit cinq mille trois cent trente euros – avant de prendre une décision. Ce détail sordide méritait d'être connu du public.

Dernier coup de théâtre de cette ultime séquence de « Perdu de vue » sur l'affaire, j'annonce que le gendarme Christian Jambert, aujourd'hui à la retraite, a accepté de passer outre à son devoir de réserve et qu'il va maintenant s'exprimer sur l'enquête qu'il a menée pendant de nombreuses années. Jambert raconte alors, en termes concis, qu'il a été amené à enquêter après la découverte d'un squelette inconnu.

Il dit comment six mois d'investigations lui ont été nécessaires pour l'identifier formellement comme étant celui de Sylviane Lesage-Durand, pupille de la Ddass placée, jusqu'à sa disparition, chez la concubine du chauffeur de car Émile Louis. Et il poursuit : « Au fil de mon enquête me sont arrivées toute une série d'autres disparitions suspectes de jeunes filles qui, toutes, avaient fréquenté le car qu'il conduisait. J'avais demandé l'autorisation au procureur d'ouvrir une enquête parallèle et de faire un rapport séparé. » Christian Jambert entre alors dans les détails en citant les coïncidences qui, d'une disparition à l'autre, lui ont fait penser qu'Émile Louis était bien le point commun entre toutes ces affaires : « Une avait disparu un mercredi après-midi d'un foyer, en disant à deux copines qu'elle partait avec un chauffeur de car parce qu'il lui avait dit qu'il avait retrouvé sa maman et qu'elle pourrait la rencontrer. Elle n'a jamais reparu depuis ce jour ! Les deux sœurs Lemoine, c'est la même chose. On les voit partir avec le même individu, toujours le même ! Chacune son tour, en l'espace de quelques mois, elle vont prendre le même chemin du même hôtel ! Elles disparaissent. On ne les revoit jamais. Un autre élément troublant, pour une autre des disparues, cette fois, c'est lui qui l'emmène avec sa propre voiture à la gare d'Auxerre. De ce moment-là, elle n'arrive jamais à son lieu de travail, à Avallon, où il devait la conduire. Et on ne l'a jamais revue non plus ! »

Christian Jambert assène posément ses arguments, avec une rigueur toute militaire. Il aborde ensuite la question que nous nous posons depuis le début : pourquoi cette enquête n'a-t-elle pas été prise en compte par la justice ? Voici sa réponse : « Le dossier d'enquête préliminaire que j'avais fait, je l'avais déposé au parquet. C'est le parquet qui dispose en la matière. Un gendarme n'a pas le pouvoir de décider seul de poursuivre. Un officier de police judiciaire doit rendre compte au procureur. C'est ce que j'ai fait. Je demandais qu'une enquête officielle soit lancée avec une saisie directe du procureur ou d'un juge d'instruction. À ma grande surprise, je n'ai plus jamais entendu parler de ce dossier. Ensuite, ce chauffeur de car a quitté la région après avoir été condamné pour des problèmes de mœurs sur des enfants. Dans le Midi, il a été arrêté et condamné (...) pour des problèmes de mœurs encore une fois. »

Pour la première fois depuis que nous parlons de l'affaire dans notre émission, le rôle d'Émile Louis est ainsi évoqué de façon synthétique. On comprend clairement que l'homme est vraiment le point commun indiscutable qui relie chacune des disparitions mystérieuses aux autres.

Pour terminer, je m'étonne qu'aucune autre enquête n'ait été déclenchée dans l'Yonne sur la base de constatations aussi troublantes. Je demande enfin à l'avocat Gonzalez de Gaspard s'il demandera au juge, à condition qu'on décide enfin d'en désigner un, de faire entendre officiellement cet homme. En a-t-il le pouvoir, en tant qu'avocat ? Il répond : « Je ne suis ni gendarme ni chasseur de primes, mais j'ai l'obligation d'aider les familles et de faire tout ce qui est en mon pouvoir pour relancer les investigations et pousser l'enquête plus loin. Sans préjuger de l'avenir, je peux vous assurer que nous saurons utiliser ces éléments au mieux ! »

Enfin, je rappelle une dernière fois les coordonnées de l'association de Jeanne Beaufumé et Pierre Monnoir, et j'invite tous ceux qui pourraient avoir des informations à prendre désormais directement contact avec eux. Notre part de travail est terminée. Je veux parler de l'évocation de l'affaire dans « Perdu de vue ». Car, on l'imagine, nous nous étions sincèrement impliqués dans ce combat pour la vérité et nous allions continuer – hors antenne – à faire tout notre possible pour les aider.

Stéphane Munka : rencontre avec Émile Louis

Le rendez-vous s'était organisé le plus naturellement du monde sur un simple coup de téléphone :

– Bonjour, je suis journaliste et je travaille à « Perdu de vue »...

– Eh bien, il était temps que vous m'appeliez, depuis le temps que vous racontez des choses sur moi à la télé ! Même que ma femme en est toute retournée !

L'appel est très court. Juste le temps de convenir d'un rendez-vous pour le jeudi suivant. Je viens de parler à un homme que nous soupçonnons d'être un tueur en série. Étrange sentiment ! C'est Frédéric Vézard de *VSD* qui a trouvé la retraite d'Émile Louis, quelque part dans le Var. Je l'avais cherché, Émile, mais les moyens habituels d'enquête étaient restés sans réponse. Enfin on avait fini par le localiser. Restait à le contacter. Grâce à l'annuaire inversé, j'apprends que le numéro de téléphone est celui d'une certaine Chantal Paradis. Peut-être une nouvelle concubine ?

Quelques minutes plus tard, j'annonce à Jacques et Jean-Marie que je pars pour Draguignan interviewer Émile Louis. Tout de suite, un feu de questions sans réponses : « Il accepte d'être filmé ? Il reconnaît ? Qu'est-ce qu'il a dit ? » Je raconte le coup de fil. Pour le reste, on verra sur place. Je demande juste à partager le coup avec Frédéric Vézard. Nous sommes convenus de suivre l'affaire ensemble. Je redoute qu'Émile Louis revienne sur sa promesse de nous rencontrer. Je fais réserver mes billets d'avion sans bien savoir si la porte du chauffeur de car s'ouvrira vraiment devant nous. Mais je n'ose pas le rappeler. Nous verrons bien...

Le rendez-vous est à 11 heures, nous sommes en avance. Pour passer le temps, on égrène les souvenirs d'anciens combattants, les affaires tordues, les rencontres qui donnent le frisson. On frime, on se donne du courage. Je lui raconte que j'ai déjà rencontré un tueur, ou plutôt une tueuse. Un an auparavant, Jean-Marie Perthuis et moi-même avions reçu une jeune femme éplorée dont le mari avait disparu. L'affaire M. Il était jockey, estimé dans le milieu des courses, belle maison du côté de Chantilly. Nathalie a avoué que leur couple battait de l'aile, qu'il voulait partir, la quitter. Un soir, pour la première fois, ils s'étaient battus. Elle l'avait frappé avec le téléphone, il était parti en voiture. Personne ne l'avait plus revu, il y avait deux semaines de cela. Ce qu'elle voulait, c'était lancer un appel dans l'émission. Lui dire que tout est oublié, qu'il pouvait revenir. L'émission était dans quelques jours, le dossier ne pouvait pas être monté en si peu de temps mais on avait très envie de faire l'affaire. Il aurait fallu partir tout de suite, repérer les lieux, filmer quelques images, rencontrer les amis. Le problème, c'est que personne ne voulait nous recevoir. Nathalie n'avait pas l'air très appréciée de sa belle-famille. Mais une histoire de jockey, quand même ! Et tant pis si les versions de Nathalie divergeaient à chaque récit. Une fois c'est à l'aide du téléphone qu'elle l'avait frappé, une autre c'est lui qui était tombé la tête la première sur le combiné après qu'elle l'avait poussé... Mais surtout, l'heure de la disparition restait un mystère : minuit la première fois, puis minuit et demie, puis vers une heure du matin... La police était venue vers 2 heures, ou peut-être un peu avant. Et pourquoi Nathalie s'était-elle lancée dans le ménage de la cuisine à cette heure-là ?

C'est Jacques qui nous avait arrêtés. À quatre jours de l'antenne, jamais je n'avais vu l'animateur entrer dans une colère noire... C'était fait : « Qu'est-ce que c'est que ce dossier de merde ? On n'y comprend rien, on n'a rien, et vous voulez me faire raconter ça à la télé ? » Contrits, on a fini par admettre qu'il valait mieux reporter l'affaire au mois prochain. Quinze jours plus tard, Nathalie avouait dans les bureaux de la police judiciaire avoir tué son mari.

J'avais fini de raconter cette affaire à Frédéric Vézard au moment de sonner à la porte d'Émile Louis.

*
**

Chemin des Billettes, à Draguignan, un immeuble HLM de deux étages qui ressemble à une résidence de vacances. Je sonne. Voici donc l'homme que nous soupçonnons. Il est plutôt massif, l'air renfrogné mais il a aussi, étrangement, un côté affable, une manière de baisser les yeux qui rend notre irruption chez lui plus facile... Ses premiers mots sont pour nous reprocher d'avoir fait allusion à lui dans l'émission : « Vous comprenez, depuis qu'on parle de moi à la télé, ma femme n'en dort plus. Non, vraiment ! Vous n'êtes pas sympas. » Il prend un ton plus confidentiel pour affirmer : « Entre nous, ma femme est suicidaire, et j'ai eu peur qu'elle commette à nouveau un acte désespéré. C'est pour elle que je veux bien m'expliquer. Je vais vous dire ce qui s'est passé. » Il veut nous prendre à témoin, nous entraîner dans sa logique, mais nous ne nous excuserons pas d'avoir fait notre travail. Dans l'appartement de deux pièces, nous sommes trois. Sa femme est absente. Le lieu est petit, bien rangé, propre. Le seul détail qui me gêne est cette bande dessinée bon marché qui trône sur la table basse de la pièce principale. C'est une BD pour enfants ! Dans la conversation, Émile Louis nous parle de ses voisins, avec lesquels il s'entend si bien qu'il est devenu le parrain d'un de leurs enfants. La conversation dure plus de deux heures. Il n'accepte pas de micro ni de caméra. Nous passons très vite aux choses sérieuses. Nous sommes venus pour confronter avec lui, sans détours ni langue de bois, tous les éléments que nous avons réunis pendant cette année d'enquête. Nous voulons aussi lui demander, disparue par disparue, de nous raconter ce qui le liait à elles. Enfin, nous voulons parler de son parcours personnel et professionnel, afin de comparer ses réponses avec ce que nous avions appris de lui par ailleurs.

Nous profitons de son attitude conciliante et nous n'éludons aucune question embarrassante.

D'emblée, Émile admet connaître certaines de nos disparues. Ce qui lui semble normal : n'était-il pas, après tout, chauffeur de car pour ces jeunes filles ? Nous les passons en revue et notons ses commentaires : « Françoise Lemoine, je couchais avec elle. » Il ne nie rien de son lien avec les deux sœurs, qu'il emmenait souvent à la pêche. Il reconnaît aussi avoir réglé la note de l'hôtel du Nicky Bar, où Françoise s'était réfugiée un mois durant pour échapper à son concubin dont elle avait peur. Émile Louis justifie ce geste financier par le souci de ne pas froisser la propriétaire des lieux. Il avait vanté les mérites de Françoise à la patronne, il lui devait donc de l'indemniser pour la chambre après la disparition subite de la sœur Lemoine. S'agissant de Chantal Gras, il n'a que très peu de souvenirs. Seule Gisèle, la mère de la jeune fille, lui revient en mémoire. Il confirme d'ailleurs l'avoir prévenue que sa fille fuguerait. Madeleine Dejust, c'est un autre problème : « Le mari de la logeuse abusait d'elle. Elle voulait partir. Elle me racontait ça dans le car ou dans ma voiture, lorsque je la raccompagnais. » Il ne lui était malheureusement pas venu à l'esprit de signaler le fait à la justice ou à la gendarmerie. C'était quelque chose qui ne se faisait pas à l'époque. Jacqueline Weis ? Il avait tout fait pour lui trouver un boulot. Elle avait dû s'y rendre, puisqu'on avait reçu une carte postale. Mais il n'en savait pas plus. Sur ses relations avec Jacqueline, nous lui disons que nous connaissons le degré d'intimité qu'il partageait avec elle. Nous précisons qu'il l'avait souvent emmenée faire un tour dans son car une fois son service terminé. « Certaines personnes nous ont même dit que, parfois, vous vous amusiez à l'habiller comme un garçon. – C'est vrai, répond Émile Louis. Mais c'était un jeu *(?)* Il n'y a jamais rien eu entre elle et moi. » Nous sommes abasourdis. Quant à Christine Marlot et Martine Renault, ces noms ne lui évoquent rien.

Il est rusé, le bonhomme. L'air de rien, il vient de citer tous les points d'achoppement contenus dans le rapport d'enquête préliminaire de Christian Jambert. Pour un peu, on jurerait entendre un avocat dont la ligne de défense principale serait : « Et après ? Qu'est-ce que ça prouve ? » Après ? Nous n'avons effectivement rien à ajouter. Reste à se plonger dans la vie et l'œuvre de notre hôte, qui sert des orangeades. Nous n'y touchons pas ! Entre-temps, par deux fois, les petits voisins sont entrés sans frapper dans l'appartement, en l'appelant Jean-Louis (« C'est ainsi qu'on m'appelle, ici »). Tout le monde vit en famille dans cette petite HLM. À ce propos, Émile Louis ne résiste pas au plaisir de nous montrer ses papiers de retraite et son loyer. « 6 200 francs de retraite pour 2 400 de loyer. On n'a pas beaucoup de distractions. »

Selon Émile, le début de ses déboires remonte à sa rencontre avec Gilberte Binoche : « J'ai couché une fois avec elle. Elle a quitté son mari Jean et menacé de me pourrir la vie si je ne venais pas vivre avec elle. C'était une femme méchante, mais j'ai assumé mes responsabilités et j'ai quitté ma femme pour vivre avec elle. »

Nous lui demandons à ce propos si c'est bien Jean qui a tiré sur lui, comme on me l'avait raconté, une certaine nuit où il était de garde aux Rapides de Bourgogne : « Non. Ce sont des jeunes qui ont fait ça, pour rire sûrement. Mais certainement pas Jean avec qui je m'entendais très bien. Quand j'ai été condamné, il m'a dit : “Elle a mis quinze ans à me détruire. Et toi, en cinq ans, tu finis en prison, mon pauvre !” » Cette première incarcération, il la présente d'ailleurs comme une grande injustice : « Binoche et moi ne nous entendions plus. Elle passait son temps à dire du mal de moi. Et elle buvait deux litres de vin accompagnés d'un quart de Ricard par jour ! Elle s'occupait mal des enfants placés sous sa garde, tenez, elle battait la petite Annie V. C'est d'ailleurs à cause de ça qu'Annie a témoigné contre moi *(?)*. Souvent, je rentrais le soir et il n'y avait rien à manger. Les enfants me regardaient tristement tandis que l'autre, madame Binoche, était saoule dans la chambre. Alors évidemment, comme je m'occupais seul des enfants, je leur faisais prendre leur bain. Et c'est pour ça qu'ils m'ont arrêté. Arrêté pour avoir donné leur bain à des enfants ! » Pour un peu, Émile Louis nous ferait pleurer... L'homme est malin, comédien, séducteur. Il se garde bien de parler des sévices subis par la petite Annie lorsqu'elle avait dix ans.

Nous lui rétorquons qu'il y a quand même eu récidive, en 1989, pour des faits comparables (agression sexuelle sur mineur de quinze ans). Qu'a-t-il à dire là-dessus ? Une autre injustice ? « C'étaient deux petits saligauds, proteste Émile Louis. Un frère et une sœur complètement pervers, malgré leur âge. Ils s'amusaient à entrer par la fenêtre de mon bungalow pendant ma sieste et se mettaient à se branler devant moi. » Émile Louis a réponse à tout ! Mais il est surpris que nous lui parlions de cette affaire. Lui qui s'était fait une fierté de nous présenter son casier judiciaire (daté du 21 novembre 1995), exempt de cette condamnation... Très certainement une erreur de l'administration. Il pensait que nous ne savions pas ? Raté ! Nous revenons ensuite sur sa première condamnation à Auxerre et lui demandons dans quelles circonstances il a alors pu utiliser les services d'un avocat célèbre, donc hors de prix, pour se défendre. La réponse est immédiate : « J'avais entendu parler de lui, c'est pour cela que je l'ai choisi. Il m'a coûté vingt-cinq mille francs que j'ai empruntés à la sœur de ma première femme, et que j'ai remboursés à hauteur de mille francs par mois. » Décidément, la sœur de Simone Delagneau aura été d'une aide précieuse pour Émile Louis : à sa sortie de prison, c'est elle qui l'a hébergé dans le Var, pour lui laisser le temps de se retourner. Sa mésentente avec elle, par la suite ? « Je lui avais fait un peu de gringue, c'est vrai. Alors elle m'a un peu foutu dehors. » C'est pour cette raison, il nous le confirme, qu'il a choisi de vivre dans des campings. Il loue des mobil-homes du côté de Toulon, puis de Port-Grimaud. Nous lui parlons alors de sa qualité de suspect dans l'affaire Joris Viville. « J'ai été entendu en garde à vue, c'est vrai, mais j'ai été vite mis hors de cause. »

Retour sur la période où il a vécu à Auxerre. L'air de rien, je cite au détour de la conversation le nom de René X. Émile est évasif. Il connaît le personnage de nom, pas plus ! Ce qui est faux, nous le savons parfaitement. Les deux hommes se connaissaient, se fréquentaient et Émile Louis avait dîné et même organisé un banquet de mariage dans son bar-restaurant. Nous embrayons sur Jacques Moreau. « Ce jeune blanc-bec venait faire la cour à Béatrice. Madame Binoche se pâmait devant ses grands airs. Moi, je ne l'ai jamais aimé. Vous savez que son père a fait de la prison ? » Reste à évoquer ses relations avec le couple Charrier. Nous avons envie de savoir pourquoi Nicole Charrier est venue témoigner de la moralité du chauffeur de car au cours de son premier procès. Émile Louis prend ses distances tout de suite : « On passait un peu de temps tous les jours ensemble, lorsque j'attendais les gamines avant de les raccompagner. Mais c'était une amitié très surfaite, croyez-moi. Nous n'étions pas du même monde. » Son attitude pourrait être plus reconnaissante envers quelqu'un qui fut son témoin de moralité !

Toute cette agitation autour de lui ne serait qu'une malheureuse méprise... À quoi tient toute cette histoire ? Il commence sa réponse en parlant de Simone, « une sainte femme ». Émile confesse lui avoir proposé de reprendre la vie commune en 1992, à sa seconde sortie de prison. Mais elle a mis une condition, elle voulait la vérité sur Jacqueline Weis. « Qu'est-ce que je pouvais lui dire, sinon que ça n'était pas moi ? » On lui parle plus précisément de cette conversation avec Simone. Pourquoi lui a-t-il dit que s'il parlait, il mourrait ? « C'est vrai que, peu avant d'être incarcéré pour la première fois, en 1981, je recevais souvent des coups de téléphone anonymes qui me prévenaient que si je parlais, je mourrais. C'est à ça que j'ai dû penser. D'ailleurs, à l'époque, je me sentais suivi. » Il nous expose alors sa propre théorie, prétend qu'il y avait souvent des « Arabes » dans son sillage. Qui connaissaient les filles. « Ils auraient pu les faire disparaître, non ? »

*
**

À l'issue de cette rencontre, notre sentiment est partagé. Rien dans ses propos ne nous a vraiment convaincus. Sur la base des éléments dont nous disposons, nous n'avons aucune raison de croire aux explications d'Émile Louis. Nous ne nous attendions pas à ce qu'il nous avoue être l'auteur des enlèvements, donc nous ne sommes pas déçus non plus. Et qu'aurions-nous fait de ses aveux, alors que le procureur d'Auxerre venait de rendre public le rejet de la demande d'ouverture d'information judiciaire ? Sur le chemin du retour, cependant, nous nous posons tout de même la question : et si Émile Louis disait vrai ? Si des « inconnus » connaissant les liaisons d'Émile Louis avec nos disparues les avaient précisément choisies pour cela, afin de disposer en cas de problème d'un « bouc émissaire » ? Émile Louis victime ? Nous n'arrivons pas, vraiment pas, à y croire !

Jacques Pradel : comment contourner la prescription ?

« Sans préjuger de l'avenir, je peux vous assurer que nous saurons utiliser ces éléments au mieux ! » C'est sur ces mots que Me Pierre Gonzalez de Gaspard avait conclu son intervention lors de la dernière émission de « Perdu de vue » consacrée aux disparitions mystérieuses et inquiétantes des sept jeunes handicapées de l'Yonne. C'était en septembre 1996. Le temps a passé depuis et nous n'avons pas de nouvelles de la plainte. Me Gonzalez de Gaspard a promis de me tenir informé. Il m'a appris, par exemple, que le juge Benoît Lewandowski, en poste à Auxerre depuis 1990, avait convoqué les parties civiles pour leur demander d'apporter les preuves de leurs allégations, et qu'après cette rencontre il avait décidé de ne pas ouvrir d'instruction. Mais personne ne le savait officiellement !

Selon le défenseur parisien des familles, il lui avait fallu faire lui-même le siège du tribunal tout au long de l'été, puis poursuivre par une série de lettres recommandées, et sommer par voie d'huissier le parquet, pour que cette décision négative soit – enfin – rendue publique !

Alors que nous pensons toucher au but, un juge vient de refuser de faire droit à la démarche pourtant légitime des familles de disparues. L'avenir nous paraît tout à coup bien sombre. C'est une immense déception pour tout le monde. Mais Pierre Gonzalez de Gaspard ne baisse pourtant pas les bras. Il va faire appel de cette décision devant la juridiction parisienne. Il dépose un mémoire sur l'affaire et expose ses arguments sur la recevabilité de la plainte. Cet appel débouchera quelque temps plus tard sur une décision positive : première victoire concrète après tous ces mois de bataille médiatique, la chambre d'accusation de Paris (une juridiction collégiale, aujourd'hui chambre de l'instruction) a décidé de l'ouverture d'une information. Elle a désigné comme magistrat instructeur le juge Lewandowski.

L'affaire des disparues de l'Yonne va bientôt devenir l'affaire Émile Louis !

Il faudra attendre novembre 2004 pour qu'Émile Louis soit jugé par la cour d'assises d'Auxerre, et condamné à la prison à vie, avec une période de sûreté incompressible de dix-huit ans.

Puisque j'évoque ici l'année 2004, j'aimerais préciser que le juge Lewandowski s'est expliqué sur son refus de 1996, après avoir été entendu comme témoin par la cour d'assises au cours du procès d'Émile Louis. Mis en cause par un article de *L'Yonne Républicaine*, Benoît Lewandowski a obtenu la publication du droit de réponse suivant : « J'ai été très surpris de lire un article non signé, intitulé "Du refus d'instruire au recueil des aveux." Le journaliste y indique qu'en 1996 j'ai suivi la même logique de prescription que le procureur de la République, et que je me suis fait "tirer l'oreille" pour instruire le dossier des disparues. Je pense avoir largement dépassé l'âge de me "faire tirer l'oreille". Quant aux autres commentaires publiés dans *L'Yonne Républicaine*, ils prêtent à confusion. Il semble que l'on me reproche d'avoir entendu les parties civiles pour leur demander d'apporter les preuves de leurs allégations. *Or, si j'ai entendu les parties civiles avant l'ouverture de l'information, c'est parce que des réquisitions du procureur me le demandaient, et que j'y étais donc tenu*[1]. Je pensais également que les parties civiles avaient des éléments d'information, qu'elles n'avaient pas mentionnés par écrit, à me communiquer, ce qui n'a malheureusement pas été le cas. Par la suite, *compte tenu du contexte de*

1. Les passages en italique ont été soulignés par les auteurs.

l'époque et de l'ancienneté des faits, j'ai décidé en conscience de ne pas ouvrir d'instruction, conformément aux réquisitions du procureur. Je savais qu'il y aurait appel de ma décision, soit par ce dernier, si je décidais d'ouvrir une information judiciaire, soit par les parties civiles dans le cas contraire. (...) La chambre d'accusation de Paris, aujourd'hui chambre de l'instruction, (...) m'a désigné comme magistrat instructeur, ce qui était pour moi une grande satisfaction et même un honneur. (...) Je suis fier d'avoir abouti et d'avoir arrêté le meurtrier (...) d'avoir également découvert les corps de deux victimes, bien sûr en collaboration avec les remarquables enquêteurs de la section de recherches de Paris qui ont travaillé pendant des années sous ma responsabilité. Si le travail avait été précipité (l'enquête a duré six ans pour tenter de comprendre ce qui s'était passé il y a un quart de siècle), et donc mal fait, aujourd'hui la cour d'assises ne serait peut-être pas réunie pour juger Émile Louis. À ma connaissance, jamais la justice française n'avait arrêté un meurtrier (présumé innocent) autant d'années après les faits. À cette époque, la justice auxerroise a donc fait son travail, et obtenu un résultat que l'on peut juger inespéré. »

Nous pensons nous aussi que Benoît Lewandowski, qui est resté au poste de juge d'instruction à Auxerre de 1990 à 2001, a bien fait son travail et qu'il lui était impossible, en 1996, d'aller contre les réquisitions du parquet. La suite de l'instruction a bien démontré que personne, ni lui ni la juge Claudine Philippe qui a instruit le dossier après son départ et jusqu'en 2003, n'a tenté de faire obstruction à la bonne marche de la Justice.

Un autre point mérite d'être éclairci. Il me permettra de saluer le travail capital accompli par Me Pierre Gonzalez de Gaspard lorsque, à notre demande, il a accepté de prendre en main le dossier des disparues avec pour objectif de déposer une plainte au nom des familles afin qu'un jour Émile Louis soit jugé.

Le dernier combat de ceux qui refusaient d'envisager l'ouverture d'une information judiciaire si longtemps après les faits s'est déroulé sur le thème de la prescription. C'était la position du parquet d'Auxerre. Ce fut celle des avocats d'Émile Louis. Et c'est grâce à la stratégie mise en place par Pierre Gonzalez de Gaspard que cet argument fut finalement rejeté par une décision de justice. À partir de là, le procès pouvait avoir lieu ! Explications : en matière de crime, si aucune information judiciaire n'a été ouverte, ou si aucun acte d'instruction n'est intervenu pendant une période de dix ans, il y a prescription. C'est-à-dire que même si l'on parvenait à désigner un coupable au-delà de cette période, cette personne ne pourrait être jugée ni a fortiori condamnée. La morale n'y trouve pas forcément son compte, mais telle est la loi dans notre pays. Un certain nombre de juristes s'appuyaient sur cet argument pour dire qu'il était inutile d'engager la Justice sur une voie de garage. Si l'on finissait par prouver la culpabilité d'Émile Louis, un tribunal le relaxerait.

Or, il se trouve que la règle s'imposant dans le cas d'un crime avec cadavre peut ne pas s'appliquer en l'absence de cadavre. À l'époque où Pierre Gonzalez de Gaspard prend le dossier en main, il n'y a pas de cadavre ! Mais il y a sept disparues susceptibles d'avoir été enlevées et séquestrées par Émile Louis. C'est pourquoi il dépose une plainte pour enlèvements et séquestrations arbitraires.

Par la suite, les relations de cet avocat brillant avec l'Association de défense des handicapées de l'Yonne ont subi quelques turbulences. Ce n'était pas une raison pour oublier de relever que, sans lui, le dossier se serait peut-être effondré. Et Émile Louis n'aurait jamais comparu devant ses juges.

TROISIÈME PARTIE

APRÈS « PERDU DE VUE »

– I –

L'ARRESTATION

Stéphane Munka

C'était lui. Au journal télévisé, à la une du *Parisien* sous la plume de Frédéric Vézard, partout dans la presse s'étalent les aveux d'Émile Louis. Nous sommes en décembre 2000 et l'ancien chauffeur de car reconnaît avoir assassiné Christine Marlot, Chantal Gras, Madeleine Dejust, Jacqueline Weis, Martine Renault et les sœurs Lemoine.

Grâce aux confidences du journaliste du *Parisien*, je suivais depuis quelques jours les derniers rebondissements de l'affaire, aux secondes loges. Par de multiples indiscrétions, nous étions nombreux à savoir qu'Émile Louis allait être placé en garde à vue le 12 décembre 2000. Cette date avait été choisie avec soin – en pleine grève des avocats –, par les gendarmes René Potard,

Philippe Patin et Éric Barou du Service de recherches de la gendarmerie de Paris. Ce qui était un aveu d'impuissance car, dans le fond, ils n'avaient rien. Après trois années d'enquête, aucun témoignage, aucun indice, aucun élément concret récolté ne pouvait définitivement constituer une preuve lors d'un éventuel procès. Même si la conviction de chacun demeurait, un avocat un peu malin aurait tôt fait de déjouer les simples concordances troublantes de leur enquête. Il fallait s'en remettre un peu à la chance, surtout aux talents d'accoucheur des adjudants Patin et Barou. La grève des avocats était une bénédiction. En revanche, toutes les dispositions allaient être prises pour acter chaque mot de l'audition. En cas d'aveu, le procès-verbal devait être irréprochable, on ne devait pas perdre la partie sur un doute exprimé par un orateur brillant au cours d'un futur procès.

Cette arrestation allait faire l'objet d'une faveur exceptionnelle : la presse y assisterait. En effet, Frédéric Vézard, en qui les enquêteurs ont confiance, y est convié, ainsi que Samuel Luret, qui prépare depuis quelques semaines pour M6 un documentaire sur l'affaire. Le 11, les deux journalistes réalisent leurs dernières interviews du présumé tueur en série, au risque d'attirer sa méfiance. Le lendemain, dès l'aube, la planque commence. Jusqu'au soir, les deux journalistes grelotteront dans leurs voitures de location en attendant l'intervention de la gendarmerie... qui n'agira qu'à 18 h 15. Un calcul des enquêteurs qui parient qu'Émile

Louis, fatigué par sa journée, craquera sans doute plus facilement. Dans la soirée, ce 12 décembre 2000, Émile Louis avoue être le tueur de l'Yonne.

Le procès-verbal d'audition filtre rapidement dans la presse. Comme prévu, il est exemplaire. Sans cesse les enquêteurs proposent à Émile Louis nourriture et soins, qu'il refuse. L'angle de l'entretien est clairement celui de la prescription. C'est un marché de dupe qui est passé avec Émile Louis. La séquestration des disparues d'Auxerre risque de l'envoyer pour des années en prison, alors que des aveux et la localisation des corps permettent de dater le crime au début des années quatre-vingt et d'enclencher le mécanisme de la prescription. Émile Louis accepte ce marché. Six jours plus tard, le 18 décembre 2000, sur les indications du présumé tueur en série, les ossements de Jacqueline Weis sont déterrés le long du Serein, la rivière qui coulait près de Seignelay.

La lecture du procès-verbal est effrayante : « En ce qui concerne Françoise Lemoine, j'ai fait sa connaissance par l'intermédiaire de ses parents. (...) J'étais son amant. (...) Il nous arrivait fréquemment de nous rendre sur la commune de Rouvray. Mon endroit à Rouvray se situait près du Serein. Je garais ma voiture à environ deux cents mètres de cette rivière. (...) Nous avions pour habitude de faire l'amour, soit dans la voiture, soit dans le petit bois situé à proximité (...). Nous avons fait l'amour sur une plage du Serein. J'ai un trou noir, je ne sais pas ce qu'il s'est passé, je n'étais plus moi-même. Je ne me souviens plus dans quelles circonstances j'ai été amené à tuer Françoise Lemoine. Je ne me rendais compte de rien. J'étais habité par quelqu'un d'autre qui me poussait au mal. Cette force me poussait à tuer. Je ne sais pas comment je l'ai tuée. J'étais au pied de son corps, j'ai appelé Françoise comme pour la réveiller. Je pense être resté auprès de son corps pendant une demi-heure, trois quart d'heure. C'est après ce moment que la bestiole m'avait quitté et j'ai réalisé que j'avais fait une connerie. Françoise ne respirait plus, elle n'avait pas de trace de sang. J'ai traîné son corps pendant cinq ou six mètres pour la cacher en bordure du bois. Je suis revenu le lendemain avec une pelle pour enterrer son corps. » Voilà résolu le mystère de la plus ancienne de nos disparues.

Le reste est à l'avenant, malgré la mémoire défaillante d'Émile Louis. Pour Chantal Gras, il ne se souvient même pas de son nom. Juste du nom de sa nourrice, Mme Maudier. Madeleine Dejust est simplement une fille « rencontrée à la gare de Migraines ». Émile est incapable de pointer son visage parmi les photographies qui lui sont présentées. Pour chaque meurtre, c'est toujours la même explication : « Toutes ces choses-là me sont arrivées en pleine lune. Je n'étais plus moi-même. » La raison principale de ces meurtres ? « J'ai rencontré madame Léménorel (...) J'ai vécu avec cette dame jusqu'en 1981, date où j'ai été incarcéré. Je peux vous dire que cette incarcération a été une libération. Cette femme avait un empire sur moi.

C'est-à-dire qu'elle était jalouse, méchante et elle buvait. Je pense que ce que j'ai vécu avec cette femme a provoqué chez moi un "détraquage" complet de ma personne, tant d'un point de vue moral que sexuel. (...) C'est à partir du moment où j'ai connu cette femme que je suis devenu un autre homme. Je n'avais plus le même comportement. C'est à partir de cette période que j'ai commencé à faire des "bêtises" et que je ne m'en rendais pas compte, c'est ça qui a été le pire. »

Quelques jours plus tard, le 18 décembre, les aveux d'Émile Louis sont corroborés par une macabre découverte. Amené par les gendarmes à Rouvray, à l'emplacement du petit coin de pêche longeant la rivière Serein qu'il affectionnait tant, Émile Louis désigne sept emplacements susceptibles de contenir les corps. En début d'après-midi, un premier squelette est mis au jour. L'ADN prouvera qu'il s'agit de Madeleine Dejust.

Ainsi Émile Louis a réellement assassiné Chantal Gras, Madeleine Dejust et les autres. J'avais travaillé une année entière sur cette rocambolesque affaire de disparues de l'Yonne comme si j'avais écrit un beau roman policier. Seulement là, il ne s'agissait pas de fiction. Madeleine Dejust n'était pas le fruit de mon imagination. Madeleine avait vraiment existé. Elle avait été assassinée. Elle avait été la proie insignifiante d'un meurtrier, la quantité négligeable d'une justice ; pour moi, elle n'avait été que le personnage d'une histoire qui la dépassait. Il a fallu qu'on me prouve sa mort pour que j'éprouve enfin son existence. Une mort injuste, effroyable, indicible. Comment a-t-il pu s'en prendre à elle ? Comment a-t-on pu la négliger ? Je me forçais à ressentir de la joie de voir l'affaire résolue, j'aurais voulu me remémorer les déclarations du procureur Jacques Cazals, ou me délecter des insultes de Georges Decuyper, président de l'Apajh. Cela ne guérissait pas la plaie. L'histoire était vraie. Et j'étais le dernier à vouloir y croire.

Durant plusieurs jours, les fouilles permettent d'exhumer divers indices, notamment des vêtements.

Puis le 4 janvier 2001, un second corps est découvert. Il s'agit de celui de Jacqueline Weis. Émile Louis et Jacqueline ont vécu plusieurs années sous le même toit. Quant aux cinq autres victimes, elles demeurent toujours manquantes. L'explication réside selon les experts dans le déplacement que le lit de la rivière aurait effectué ces vingt dernières années, emportant les éventuels ossements.

*
**

Lorsque la cour d'appel de Paris a obligé le parquet d'Auxerre à ouvrir une information judiciaire sur « l'enlèvement et la séquestration » de Christine et de Jacqueline, j'ai été le premier à être entendu par les enquêteurs. L'instruction était dirigée par le juge d'Auxerre, Benoît Lewandowski, mais ce n'est pas lui qui a demandé aux gendarmes de la Section de recherches de Paris de m'interroger. Le rendez-vous était officieux.

En septembre 1997, je me présente boulevard Davout, dans le vingtième arrondissement de Paris, avec tout mon dossier des disparues d'Auxerre sous le bras. L'émission « Perdu de vue » avait définitivement quitté l'antenne de TF1 depuis le mois de mai, j'étais libre de tout engagement professionnel. Je leur aurais consacré la journée, aux gendarmes Patin et Barou, s'ils l'avaient souhaité... Mais les deux enquêteurs voulaient me voir en dehors de toute enquête officielle.

Si je le souhaite, je peux me taire. Mais pourquoi ? Je dépose sur leur bureau l'ensemble de mon dossier personnel sur l'affaire. Des documents rédigés, des photocopies de notes, de fiches d'état civil, des relevés de cadastre, des comptes rendus d'appels téléphoniques personnels... Pour moi, l'enquête est close. Je passe le flambeau. Que les deux gendarmes se débrouillent avec toute cette paperasse, je suis juste là pour discuter. Je raconte encore, pour la énième fois, cette histoire de disparues de l'Yonne, peut-être mortes d'avoir connu le même homme. Dates précises, numéros de téléphone, contacts intéressants, détails techniques... Je protège simplement mes sources, comme c'est l'usage, mais je livre le contenu de mes réflexions personnelles. Les deux enquêteurs sont emballés. Ils se montrent intéressés par cette histoire sans s'inquiéter de la qualité des témoignages après tant d'années. C'est qu'ils ne sont pas là pour faire de la littérature, eux, mais pour dénicher et présenter des preuves utilisables face à une cour d'assises. Ce premier débriefing ne leur suffit pas, ils en veulent davantage sans avoir à mettre trop en branle la machine judiciaire. Alors je leur fournis une copie des extraits des émissions, ce que des millions de personnes ont vu, mais aucun *rush* de l'interview du gendarme Jambert car ces chutes d'images, non utilisées pour le montage, ont tout simplement disparu !

Elle valait son pesant d'or, pourtant, cette interview ! Le jour où on avait filmé Christian Jambert, il était dans une forme éblouissante. Il recadrait à peu près les noms, lâchait quelques hypothèses, racontait toute l'affaire. On avait tourné deux cassettes de soixante minutes, d'où on en avait extrait à peine quatre au montage. À TF1, nous avons remué ciel et terre pour les retrouver. Les archives ont été fouillées maintes et maintes fois depuis, même sur commission rogatoire. Sans succès. Peut-être est-ce là un nouvel « élément troublant » de cette affaire qui n'en manquait pas ?

*
**

À partir de ce moment, je n'ai plus suivi l'affaire des disparues d'Auxerre. Seuls Frédéric Vézard et Frédéric Crotta s'intéressaient à l'avancement de l'enquête. Le premier avait rejoint la rédaction du *Parisien*, le second travaillait, et travaille toujours, pour la rédaction de

France 2, et s'était pris de passion pour ce dossier à rebondissement. Ils furent les premiers à couvrir les avancées de l'enquête, entre octobre 1997 et la fin 1998, période connue sous l'appellation d'« ère des fouilles ».

« Pas de cadavre, pas de meurtre. » C'est la phrase que répétait avec constance le procureur d'Auxerre au gendarme Jambert lorsque celui-ci évoquait les disparues. C'est sous cet angle que les gendarmes Potard et Barou abordent l'affaire. Régulièrement, sur commission rogatoire du juge d'instruction, les deux enquêteurs conduisent des fouilles à divers endroits de l'Yonne. Le premier coup de pelleteuse est donné sur les indications de Michel Fournier, un témoin qui nous avait contactés et dont nous avions diffusé le témoignage dans l'émission « Perdu de vue ». Et tout de suite la machine s'emballe. Des ossements sont retrouvés. Un médecin aurait identifié immédiatement ces ossements comme appartenant à des animaux, mais personne n'est présent ce jour-là, seulement Frédéric Vézard et Frédéric Crotta. Leurs reportages font fureur. L'intrigue est en marche. Mieux : l'affaire des disparues se débarrasse pour la première fois de l'étiquette « Perdu de vue », jugée peu noble par de nombreux confrères, et s'offre une nouvelle virginité. Bientôt, le quotidien *Le Monde* lui-même se tient informé des avancées de l'enquête.

Il y en a eu des fouilles infructueuses dans les champs de l'Yonne ! Potard et Barou rencontrent des centaines de témoins, qui leur indiquent le petit coin où Émile Louis aimait pêcher, la maison derrière laquelle on l'aurait vu errer. Surtout, ils commencent à dresser un véritable portrait du présumé innocent. Une femme, Edwige Brunet, se confie et jure avoir été victime d'Émile Louis dans les années 1973-74. Simone Delagneau confirme ses soupçons sur son ex-mari, et jure que le jour où Christian Jambert est venu l'interroger au sujet de l'emploi du temps d'Émile Louis, lorsque Martine Renault a disparu, elle a menti à la demande de son mari, assurant qu'ils étaient ensemble au moment des faits alors qu'il n'en était évidemment rien.

Malgré eux, les gendarmes refont le parcours de Christian Jambert. Ils craignent de tomber sur les mêmes impasses. Les témoignages sont concordants, les coïncidences troublantes, mais aucun fait nouveau, aucun élément de preuve ne vient les aider. D'autant qu'en quinze ans, de nombreux témoins rencontrés à l'époque des faits par Christian Jambert sont désormais décédés.

C'est pourtant précisément un décès qui relance l'enquête, en janvier 1999. Simone Delagneau, la première femme d'Émile Louis, vient d'être emportée par une maladie, et sa fille, Maryline, décide de témoigner.

Maryline Vinet est née sous le nom de Louis. Fille de Simone et d'Émile, aînée de leurs quatre enfants,

Maryline a quitté de domicile familial en 1975 pour suivre son premier mari. Depuis 1992, elle vit en Guyane auprès de son second époux, douanier de profession : « Il me fallait huit mille kilomètres entre Émile Louis et moi (...) » Maryline est un atout précieux pour les enquêteurs de la Section de recherches de Paris, qui l'entendent au début de l'année 1999. Venue en métropole accompagner sa mère dans ses derniers instants, elle a retrouvé au domicile une malle ayant appartenu à son père, remplie de vêtements féminins, certains peut-être tachés de sang. Des années plus tard, ce « scellé » se révélera inutile. Aucune des familles des disparues n'a reconnu dans cet agrégat d'habits un effet personnel d'une disparue, et le laboratoire scientifique de la gendarmerie n'identifiera aucun ADN. Mais l'événement, en 1999, fait les choux gras de la presse et lance définitivement la carrière médiatique de l'affaire des disparues de l'Yonne.

En effet, devant la pression des médias, Émile Louis entrouvre sa porte, et commence à parler. Sa première interview est donnée au magazine de TF1 « 7 à 8 ». Suivent « Le Vrai Journal » de Karl Zéro et plusieurs magazines et quotidiens. Le présumé tueur de jeunes filles intervient toujours à visage couvert, et balaye d'un revers de la main les accusations qui sont portées contre lui. Il aime indiscutablement parler de ses années dans l'Yonne, de son ancienne vie. Malheureusement, son témoignage, une longue dénégation, ne révèle pas grand-chose. En revanche, celui de Maryline devient précieux. La fille d'Émile Louis n'apporte pas seulement une pièce à conviction, elle livre un témoignage accablant pour son père, que la partie civile médiatisera.

C'est à l'âge de cinq ans que Maryline aurait été violée pour la première fois par son père. Sa mère, Simone, est à l'époque hospitalisée pour une méningite. Maryline raconte qu'Émile, seul à la maison, se livre aux pires exactions sur les enfants. Parmi les jeux qu'il leur propose, celui du docteur, ou celui des cochons où les enfants doivent grogner à quatre pattes pour le plus grand plaisir du père. Et gare à ceux qui n'y mettent pas du cœur ! Dans ce cas-là, Émile Louis pouvait devenir violent, frapper.

Mais le pire souvenir de jeunesse de Maryline remonte au milieu des années soixante. Les quatre enfants sont conduits par Émile Louis dans sa voiture. La petite famille revient d'une sortie, quand le père croise sur la route une jeune fille qu'il connaît et qui fait de l'auto-stop. Sous les yeux de sa fille aînée, Émile Louis la tuera. C'est du moins ce qu'elle affirme avec conviction. Dans la transcription de l'entretien qu'elle donne à Jean Ker, le journaliste de *Paris Match*, le moins que l'on puisse dire est que le décorum pour ce présumé meurtre est glaçant : « Je me suis approché et j'ai vu deux lampes-tempête par terre... La fille était nue, bâillonnée, les bras écartés. Ses poignées étaient liés sur une branche posée entre deux fourches d'arbre. Émile dansait comme un Indien, en grognant. J'étais tétanisée. Et puis j'ai vu qu'Émile tenait un couteau dans sa main. Je l'ai vu éventrer la fille, d'un seul geste, rapide, de bas en haut. » Émile Louis surprend l'espionne et la menace de tuer sa mère de la même manière si jamais elle révèle à quiconque ce qu'elle vient de voir. L'avertissement résonne si fort dans l'âme de la petite fille de dix ans qu'elle n'en parlera pour la première fois qu'après la mort de Simone Delagneau.

Le témoignage de Maryline est sujet à caution. Ses frères et sœurs, qui n'absolvent pas leur père des crimes qu'il aurait commis, assurent qu'elle est depuis l'enfance menteuse et mythomane. Mais Maryline enflamme les esprits, et certains journalistes donnent un large écho à ses déclarations.

En 2000, l'enquête de la section de recherche d'Auxerre touche à sa fin. Les enquêteurs sont arrivés aux mêmes conclusions que Christian Jambert et n'ont pas un élément de preuve supplémentaire à présenter à une cour d'assises. Pire, la prescription menace encore plus l'édifice. Car même s'ils parviennent à faire avouer Émile, le code pénal est formel, les faits seraient prescrits. C'est la maigre perfusion de la « séquestration » supposée par Pierre Gonzalez de Gaspard qui tient l'enquête en éveil forcé. Comment faire pour que ce passe-passe juridique tienne jusqu'au bout ? La réponse demeure toujours la même : il faut retrouver les corps. Et le seul à pouvoir leur dire où ils sont est Émile Louis. Le pari est risqué, implique des aveux et les localisations des sépultures. Le cas échéant, qu'importe la prescription puisque leur enquête sera bouclée, et que plus personne ne pourra douter de la culpabilité d'Émile Louis. Pendant près d'une année, l'adjudant-chef René Potard et l'adjudant Éric Barou se préparent donc à la confrontation finale avec le témoin Émile Louis. Leur réussite sera complète.

– II –

LE PROCÈS DU VAR

Jacques Pradel

Après l'arrestation et les aveux d'Émile Louis en décembre 2000 se met immédiatement en place dans le Var une cellule d'investigation baptisée « Louis 83 », selon le principe cher à la gendarmerie. C'est dans cette région que le prévenu a vécu les quinze dernières années de sa vie, et il devient essentiel de savoir comment il les a occupées. La méthode est maintenant toujours la même lorsqu'on découvre un tueur en série : il s'agit de repérer parmi les crimes et disparitions inexpliqués d'éventuelles connexions avec le parcours et la personnalité du suspect. Ce harassant travail d'enquête, effectué sous la direction du commandant Venel par dix-huit gendarmes au plus fort de la crise, a largement contribué à la création de l'Office central des disparitions au ministère de l'Intérieur. Pour l'heure, comme le glisse le responsable de la cellule à un journaliste : « C'est une enquête étrange. Nous avons un auteur. Reste à trouver des faits. » Vingt-cinq affaires de crimes ou disparitions suspectes sont exhumées et étudiées. Au final, les enquêteurs ne trouvent pas d'affaires comparables à celles des disparues de l'Yonne, ni de victimes potentielles d'Émile Louis autres que celles déjà connues. À une exception près, la mort d'une jeune femme, Ségolène Werner. Voici pourquoi.

Le 25 novembre 1986, Ségolène Werner, vingt-cinq ans, est retrouvée morte dans son lit par son mari, rentré vers une heure du matin. Cette jeune femme, mère de trois enfants, vivait avec sa famille depuis quelques années au camping de Roquebrune-sur-Argens et occupait un bungalow proche de celui d'Émile Louis. Après sa libération en mars 1984, ce dernier, interdit de séjour dans l'Yonne, avait gagné le Var pour s'installer chez la sœur de son ex-femme Simone Delagneau. Il doit trouver très vite du travail pour rembourser les vingt-cinq mille francs (trois mille sept cent cinquante euros) que cette femme lui a prêtés afin de payer ses frais de justice. Émile Louis rendra cette somme rubis sur l'ongle, mille francs par mois pendant plus de deux ans. Mais, très vite, la cohabitation dans l'appartement de l'ex-belle-sœur, à Toulon, devient difficile. La poursuivant de ses assiduités, Émile Louis se voit bien vite poussé vers la porte et s'installe, pour la première fois de sa vie, dans un camping. C'est au camping du Blavet, à Roquebrune-sur-Argens, qu'il fait la connaissance de Ségolène Werner, délaissée par son mari, Alain, qui partage sa vie également avec une autre, une certaine Marianne. Fidèle à sa réputation d'homme serviable, Émile Louis emmène souvent Ségolène au supermarché local. Surtout, Émile est un des rares locataires du camping à avoir le téléphone, et il permet à Alain et Ségolène de l'utiliser. Une véritable relation amicale se noue entre Émile Louis et la jeune femme. Jusqu'à la mort de celle-ci. Ce soir du 25 novembre, Ségolène a rendu, inexplicablement, son dernier souffle dans son lit. Une autopsie est pratiquée et conclut à un décès accidentel par œdème pulmonaire aigu. Cette « mort par défaillance cardiaque » n'est pas remise en cause et la justice, très vite, classe le dossier : « Il est vraisemblable que le décès a une cause accidentelle », conclut le procureur. Pourtant, les parents de Ségolène n'ont jamais cru à cette version officielle. Selon leur enquête, appuyée par le travail d'investigation du journaliste de *Paris Match*, Jean Ker, l'autopsie n'a pas été pratiquée correctement, excluant d'emblée l'intoxication chimique. Dès lors, les Werner s'inquiètent d'une possible responsabilité d'Émile Louis dans le décès de leur fille. Il faut dire que plusieurs éléments restent obscurs dans cette affaire. Pourquoi Émile Louis confie-t-il à une personne proche du dossier « celle-là, on ne pourra pas me la coller » ? Pourquoi tente-t-il d'influencer Marianne, la maîtresse d'Alain, et de lui faire dire que, si meurtre il y a, c'est du côté du mari qu'il faut chercher ?

Bien sûr, il ne s'agit pas d'imputer à Émile Louis tous les crimes de la région. Mais force est de constater que nombre de morts violentes l'entourent. Et pour la première fois, en 1989, son passé le rattrape.

Émile Louis a déménagé du camping du Blavet pour celui des Parpaillons, à quelques centaines de mètres de là, quand le corps d'un enfant de onze ans est retrouvé tout près, à Port-Grimaud. Joris Viville était un jeune Belge venu passer les vacances de Pâques dans la région avec ses parents. Plus tard, le tueur en série Francis Heaulme avouera ce crime, mais c'est Émile Louis qui, ce 5 avril 1989, est entendu le premier par la gendarmerie. Très vite, le commandant de gendarmerie A. croit avoir trouvé son coupable en la personne de cet ancien repris de justice, condamné pour attouchements sur mineurs de quinze ans. Le dossier judiciaire d'Émile Louis lui est communiqué, mais aussi le récit d'une bien étrange histoire. À la suite d'un coup de téléphone à ses collègues de la brigade de recherches d'Auxerre, le commandant A. apprend par téléphone que son « client » est soupçonné d'avoir fait disparaître six jeunes filles dans l'Yonne. La veille, discrètement demandée par le gendarme Jambert à ses collègues, a porté ses fruits.

Émile Louis a un alibi. Très vite, il cesse d'être sur la liste des suspects pour l'assassinat du petit Joris. Les gendarmes du Var gardent néanmoins un œil sur cet homme. C'est alors qu'une enquête réalisée par les gendarmes du Muy les amène à connaître des accusations d'attouchements que le quinquagénaire aurait fait subir aux enfants de ses voisins de bungalow. Le frère et la sœur, âgés de dix et onze ans, se plaignent d'avoir été agressés sexuellement alors que leurs parents les avaient confiés à Émile Louis. Condamné à six ans de prison, ce dernier rejoint en 1990 le centre de détention de Casabianda, en Corse, une prison à ciel ouvert spécialisée dans l'accueil des « pointeurs », violeurs et pédophiles, comme on les appelle dans le jargon des prisonniers. Par un étrange concours de circonstance, Émile Louis est affecté à la conduite du car scolaire qui amène les enfants du personnel de la prison à l'école.

Élargi en avril 1992, Émile rejoint le Var et rencontre à Draguignan celle qui, deux mois plus tard, allait devenir sa femme. Chantal Paradis est une femme dépressive, handicapée, de dix ans sa cadette, et déjà mère de deux filles issues de son précédent mariage, Edwige et Karine. Chantal a besoin d'un soutien, un rôle qu'Émile Louis adore assurer. La vie du couple est, vue de l'extérieur, banale selon les voisins. Émile Louis travaille, effectue différents petits boulots d'appoint, notamment comme fossoyeur, et fréquente l'association des anciens de l'Indochine où il est porte-drapeau. En 1996, le couple emménage dans l'HLM du chemin des Billettes, à Draguignan. C'est l'époque où notre émission parle pour la première fois de lui, ce qui intrigue sa femme. Pourtant, elle n'obtiendra aucune explication.

En privé, la relation qu'entretient Émile Louis avec Chantal Paradis devient des plus perverses. Très vite, l'ancien chauffeur de car se révèle tortionnaire. Entre novembre 1992 et avril 1993, tous les vendredis soirs, Émile préparait à Chantal une décoction, un mélange de médicaments à base de mépronizine, un somnifère, et du Laroxyl, antidépresseur provoquant une baisse de la vigilance, le tout mélangé à un sirop. La suite est crûment exposée dans le rappel des faits présenté à la cour qui eut à juger ces actes de torture et de barbarie : « Elle était alors endormie et faisait tout ce qu'il lui disait de faire. Vers 23 heures, il la réveillait. Il la couchait, la déshabillait complètement, les yeux bandés. Parfois, il l'attachait sur une table rouge dans la cuisine, les mains dans le dos ou au-dessus de la tête, les pieds également liés, toujours les yeux bandés. » C'est dans cette position qu'Émile Louis se livre alors à des actes barbares : « Il lui rasait le sexe avec un rasoir. (...) Il aiguisait ensuite un couteau et lui faisait une estafilade sous le sein gauche. Il la déliait des poignets et lui faisait bouger le bras gauche pour accélérer l'écoulement sanguin. Le sang tombait dans un récipient. Il disait que c'était une saignée pour faire partir le mal, pour la guérir de sa dépression, ce qu'elle croyait. Il utilisait ensuite des seringues (...) afin de lui injecter le mélange de médicaments dans les hémorroïdes. Il n'utilisait pas de vaseline. Puis il la recouchait. » Plus tard, Émile Louis aura cette phrase aussi vulgaire que terrible : tentant de se soustraire aux accusations de sodomie par contrainte, il jurera qu'il n'aime pas la « turbine à chocolat ».

Chantal Paradis finit par se rendre compte que ces pratiques sont anormales, et obtient que son mari ne lui fasse plus boire de décoction le vendredi. Mais elle n'a pas la force de le dénoncer. Devant la résistance de sa femme, Émile Louis jette son dévolu sur sa belle-fille, Karine, âgée de quatorze ans en 1994.

L'adolescente vit avec son père, mais se rend souvent chez sa mère. Un soir, elle rejette son beau-père qui aime à lui « tapoter et caresser la jambe ». La charge est insistante, et Karine se résout à en parler le lendemain à sa mère, qui ne veut pas la croire. L'outrage ne se reproduira pas, jusqu'en 1995. Cette année-là, Karine vient passer quelques jours dans le Var auprès de sa mère, Émile Louis se retrouve seul avec la jeune fille. Il commence à lui caresser les seins. « Alors qu'elle n'arrivait pas à lui résister, continue le réquisitoire, il avait insisté en passant sa main sous son short au niveau des cuisses, pour introduire directement un doigt dans son sexe, avec des mouvements de va-et-vient. » Dans un ultime effort, Karine arrive à se libérer pour aller voir sa mère, endormie, « dans les vapes », dans la chambre contiguë. Mais celle-ci « n'avait pas compris ce qu'on lui avait dit et s'était rendormie ». Émile menace alors l'adolescente de la faire passer pour folle et de la faire enfermer si elle parle encore, et parvient à pratiquer un cunnilingus.

En 1997, Chantal Paradis obtient l'aide juridictionnelle afin d'entamer une procédure de divorce qu'elle ne mènera pas au bout. En effet, complètement sous la dépendance de son mari, Chantal subira ses assauts jusqu'à son arrestation, en décembre 2000.

Très médiatisée, la mise en examen d'Émile Louis – qui débouche sur ses aveux – délie enfin les langues. De nombreuses femmes, tant dans le Var que dans l'Yonne, se présenteront dans les gendarmeries pour accuser Émile Louis de les avoir violées. L'essentiel de ces témoignages ne pourra être retenu, notamment pour insuffisances de preuves ou pour ancienneté des faits. Mais toutes éclairent l'instruction sur la méthode de « séduction » du tueur en série présumé. Émile Louis aime sentir la dépendance de ses proies, et n'hésite pas à la créer à l'aide de médicaments, ce que l'on appelle la soumission chimique. Ainsi Isabelle Bozio et Annie Rebuffel, d'anciennes voisines, racontent comment Émile Louis leur avait administré une « potion ».

Condamné en mars 2004 à vingt ans de prison pour actes de torture et de barbarie envers sa femme et sa belle-fille, Émile Louis a fait appel. Néanmoins, cette première condamnation a été accueillie avec soulagement par les familles des disparues de l'Yonne qui attendaient avec angoisse « leur » procès, celui qui se déroulerait en novembre à Auxerre. Ils savent maintenant que, malgré le mécanisme des appels, Émile Louis a toutes les chances de finir ses jours en prison.

– III –

L'YONNE, TRIANGLE DES BERMUDES

Jacques Pradel et Stéphane Munka : d'autres disparues ?

Détenir un présumé coupable n'implique pas qu'il soit l'auteur de tous les crimes dont on puisse le soupçonner ! Combien sont-elles, les victimes d'Émile Louis ? Six selon Jambert. L'avocat des parties civiles évoque « trente voire soixante cas suspects ». Le procès qui s'est déroulé à Auxerre concernait, lui, les sept disparues entre 1975 et 1979 identifiées en 1996.

Il existe toutefois dans la région d'Auxerre une seconde vague de meurtres et de disparitions mystérieuses. De la même façon que sept jeunes filles ont disparu et une huitième a été assassinée entre 1975 et 1980, on constate, entre 1987 et 1990, six nouvelles affaires criminelles ou disparitions suspectes. Toutes concernent des jeunes femmes, et l'une d'entre elles est même une ancienne pupille de la Ddass.

Parmi les meurtres, on compte celui de l'anglaise Johanna Parrish, vingt et un ans, répétitrice dans un lycée, retrouvée nue, violée, le 17 mai 1990. Autre meurtre non élucidé, pour lequel un homme fut suspecté, puis mis hors de cause faute de preuves, celui de Sylvie Baton, assassinée le 5 mai 1988. Le corps de Danielle Bernard a été retrouvé le 7 août 1989. Marie-Angèle Domèce, quant à elle, était placée au foyer de la Ddass Leclerc de Fourolles, à Auxerre. Cette jeune fille de dix-huit ans devait prendre son train le 8 juillet 1988 pour rejoindre sa nourrice à Migennes. Elle n'arrivera jamais à destination. Sa disparition offre de nombreuses similitudes avec celle de Jacqueline Weis, disparue elle aussi alors qu'elle devait prendre son train. L'enquête, expéditive, est classée le 14 février 1989 par le tribunal d'Auxerre, qui estime que « aucun élément ne vient confirmer que Marie-Angèle Domèce ait été victime d'une infraction ». Il y a aussi le cas de Martine Menguy dont la disparition datée de 1986 ou 1987, ne sera signalée que l'année suivante à la gendarmerie.

Et enfin, Isabelle Laville. Elle a dix-sept ans, le 11 décembre 1987, lorsqu'elle disparaît entre son collège et le domicile de ses parents, à Saint-Georges-sur-Baulche. Moins de deux kilomètres de trajet et aucun témoin, sinon une femme qui se souvient vaguement d'une camionnette blanche... La disparition coïncide vaguement avec la visite d'Émile Louis à son ancienne femme Simone Delagneau, dans l'Yonne, malgré son interdiction de territoire. Certains seront bien prompts à accuser le chauffeur de car... jusqu'en juillet 2004, lorsque le présumé tueur en série Michel Fourniret confessera le crime. Le cas d'Isabelle Laville illustre, s'il en était besoin, le bien-fondé de la grande prudence de la justice qui considère qu'un présumé innocent doit le rester jusqu'à la fin de l'instruction. Un coup de théâtre est toujours possible. Cette affaire montre également que les familles ne doivent jamais baisser les bras dans leur recherche de la vérité.

Sept disparues entre 1975 et 1980, six disparitions et meurtres inexpliqués entre 1987 et 1990, auxquels s'ajoutent quatre affaires mal résolues en 1970 (Lucette Évain), 1976 (Jeanine Parent), 1979 (Élisabeth Fontaine) et 1984 (Smilja Stojanovic), on comprend mieux le courroux de Mme Marylise Lebranchu, à l'époque garde des Sceaux du gouvernement de Lionel Jospin qui, en février 2002, annonce, après enquête administrative interne, dix-sept dossiers classés trop vite sans suite par le tribunal d'Auxerre. Mais ce nombre est encore jugé insuffisant par les parties civiles, et en premier lieu par leur avocat Didier Seban qui, dans *Le Parisien* du 13 février 2002, déclare que « ce ne sont pas dix-sept mais trente cas suspects ». Le département de l'Yonne serait-il le triangle des Bermudes des crimes impunis ?

Il n'existe aucune étude comparative entre l'Yonne et les autres départements français concernant les meurtres et les disparitions inexpliquées. Nul doute qu'un travail similaire appliqué au Var, à Paris ou dans le Nord donnerait des résultats aussi étonnants qu'inquiétants. Il convient donc de ne pas trop stigmatiser cette région, d'autant que l'accueil « historique » dont bénéficient les pupilles de l'État à Auxerre, mais aussi dans le Morvan, multiplie évidemment les risques.

Il convient cependant d'analyser les raisons pour lesquelles certains ont pu évoquer jusqu'à trente cas de disparitions suspectes dans l'Yonne.

Face au séisme provoqué dans le département par l'arrestation et les aveux d'Émile Louis, toutes les institutions mises en accusation – justice, gendarmerie, Ddass, Apajh – ont ouvert leurs archives départementales à leurs différents services d'inspection, le but étant de repérer dans leurs fichiers des traces éventuelles de jeunes filles disparues. Prenant appui, ici sur une mention de présomption d'absence, là sur une suspicion de fugue, les enquêteurs ont été amenés à établir une nouvelle liste de femmes « manquantes » qui comportera jusqu'à trente noms, au plus fort de l'enquête. Par bonheur, la majorité d'entre elles sera retrouvée au fur et à mesure des investigations. Au milieu de l'année 2003, il ne subsiste plus que de dix cas suspects, comprenant les « sept disparues de l'Yonne ». Enfin, la gendarmerie retrouvera par la suite les traces des trois dernières : Claudette Boidin, Martine Bouillot et Marinette Chaufournier, vivantes pour les deux premières, décédée en 1982 des suites d'une longue maladie pour la troisième. Nous avons donc maintenant la certitude qu'il n'y a bien « que » sept disparues dans l'Yonne. Sont-elles toutes imputables à Émile Louis ? La justice, fin novembre 2004, en a décidé ainsi. Avant de nous conformer à cette décision, nous avons pour notre part longtemps conservé un doute à propos de la disparition de Christine Marlot.

Jacques Pradel et Stéphane Munka : le doute...

En 2003, par hasard, nous relisons le procès-verbal des aveux d'Émile Louis. Et un vieux doute remonte à la surface. Question des gendarmes : « Qu'évoque le nom de Christine Marlot pour vous ? » Réponse d'Émile Louis : « Pour le moment, ce nom ne m'évoque rien. Je dois faire appel à ma mémoire. Je me demande si cette jeune fille n'était pas au foyer de Montmercy. » Mauvaise réponse, c'est à l'IME de la Grattery, chez les époux Charrier, que Christine Marlot allait à l'école. Depuis 1974 et jusqu'en 1977, année de sa supposée disparition suite à une fugue, consignée sur le registre. Le foyer de Montmercy, Christine

Marlot ne l'a fréquenté qu'une année, entre 1970 et 1971, à une époque où Émile Louis ne conduisait pas encore de car. Plus loin dans le procès-verbal, il déclare : « Je pense que cette jeune fille avait une sœur qui habitait derrière les Rapides de Bourgogne. Je suis incapable de vous dire son âge. Il me semble que je l'ai transportée dans mon bus lorsqu'elle était à Montmercy. Si vous cherchez sept jeunes filles, je pense qu'il doit s'agir de la septième jeune fille que j'ai enterrée dans le même coin que les six autres jeunes filles, soit à Rouvray. Je suis incapable de vous donner l'année. » Stéphane ouvre son dossier personnel sur l'affaire. Christine Marlot n'a jamais figuré dans l'enquête préliminaire de Christian Jambert. La raison invoquée est que, contrairement à toutes les autres jeunes filles dont les disparitions avaient été signalées à la gendarmerie, celle de Christine relevait des services de police, comme semble l'indiquer un procès-verbal. Malgré ce détail, il serait très étonnant que Christian Jambert n'ait pas collaboré avec la police dans l'affaire des disparues, lui qui affirmait avoir recensé toutes les disparitions de jeunes filles du département. Et puis nous reviennent les deux témoignages que nous avions recueillis, lors de l'émission. Martine Marlot, la cousine, était persuadée avoir vu Christine se prostituer dans l'avenue principale d'Auxerre vers l'année 1982. Et son frère Jean-Claude avait lui aussi indiqué avoir parlé à sa sœur, en 1984. Avons-nous attribué à Émile Louis un crime qu'il n'a pas commis ? Pourquoi n'avons-nous pas voulu croire à l'époque ces deux témoignages visuels ? Tout simplement parce qu'ils n'allaient pas dans le sens de la « thèse ».

Si une erreur a pu se glisser dans notre travail, à « Perdu de vue », il est grand temps de la confesser et d'exprimer nos doutes.

Pour six jeunes filles, Émile Louis est, dans ses aveux, relativement précis. Même quand il ne se souvient pas du nom et du visage de la victime, il y rattache toujours un détail véridique qui permet de l'identifier. Sauf pour Christine Marlot. À son propos, Émile Louis parle de Montmercy. Il semble confondre Christine Marlot avec Bernadette Lemoine, qu'il prétend avoir prise en auto-stop, et avec Martine Renault, qui fréquentait Montmercy. Martine Renault, Christine Marlot, « Christine Renault », « Martine Marlot », Martine « Marleault ». Émile Louis a-t-il pu confondre les deux jeunes femmes ? Pour ce qui est des dates de disparition, nous avons d'un côté deux témoignages visuels, mais nous savons avec certitude que Christine Marlot n'apparaît sur aucun registre officiel après 1977. Faut-il croire sa famille ou les institutions ? La fréquentation d'un milieu marginal comme celui de la prostitution pourrait très bien expliquer l'absence de mentions officielles quant à la vie de Christine après 1977. Il ne s'agit que d'une hypothèse. Il est important de la garder en mémoire.

Par ailleurs, parmi les informations récoltées sur Christine, il y a cette mention provenant d'un courrier départemental de l'enfance d'Ahuy, en Côte-d'Or. Il indique que Christine Marlot a été examinée par le docteur Legat. Celui-ci signale « une pneumopathie qui a été traitée par pénicilline » et continue en mentionnant que « le départ précipité de cette jeune fille n'a pas permis de réaliser d'autres examens ». Quel mal pouvait frapper Christine Marlot ? Était-ce une affection bénigne ou une maladie grave ? La nuance est importante. Nous savons, en effet, que des personnes décèdent sans papiers sur eux, en pleine rue, sur la route, dans des squats. La recherche de leur identité par les autorités se borne bien souvent au département, parfois à la région, rarement à la France entière. Et bien souvent, lorsque les familles sont distendues, comme c'est le cas de ces filles pupilles de l'État, les corps restent sans identité, et finissent enterrés en fosse commune par l'État. Ne sommes-nous pas en présence d'un cas similaire ? La question peut être posée, même si nous ne pouvons rien affirmer. Pour nous, le doute subsiste.

La juge d'instruction Claudine Philippe en a décidé autrement. Dans l'ordonnance de mise en accusation devant la cour d'assises d'Émile Louis, datée du 14 novembre 2003, Christine Marlot est considérée comme la deuxième des sept « séquestrées » de l'Yonne. Les témoignages visuels de la famille sont relativisés. « Selon Jean-Claude Marlot, courant 1984-85, il avait revu sa sœur dans les circonstances suivantes : en fugue de sa famille d'accueil, elle était montée avec lui à bord d'un véhicule immatriculé dans le département de l'Yonne conduit par deux individus avec lesquels elle avait rendez-vous. Ils avaient pris la direction de Seignelay et s'étaient arrêtés en bordure d'une zone boisée. Pendant que le conducteur du véhicule le raccompagnait à Auxerre, étaient restés sur place le passager avant et sa sœur qu'il n'avait plus revue par la suite. Cependant, Jean-Claude Marlot était dans l'incapacité de désigner précisément l'endroit où il avait, ainsi, été conduit. Lors d'une seconde audition, il était dans l'impossibilité de confirmer la date de cette rencontre, qu'il semblait situer néanmoins à un moment où sa sœur était placée. Cela permettrait de considérer que cet épisode est antérieur à la disparition de Christine Marlot. » Les autres témoignages sont, avec un fort bon sens, critiqués de la même manière par Claudine Philippe qui conclut qu'ils « devaient être pris avec précautions quant aux dates citées, compte tenu de l'ancienneté des faits. (...) Ils n'apparaissaient pas de nature à venir remettre en cause, à eux seuls, la date de disparition de Christine Marlot ». Dont acte.

On peut toutefois considérer que la démonstration du juge d'instruction pose problème puisqu'elle tente de faire coïncider les témoignages visuels et la date de la disparition sans apporter la moindre preuve de la culpabilité d'Émile Louis. Le juge du siège a apprécié et conclu à la culpabilité d'Émile Louis. Si quelqu'un d'autre a assassiné Christine, on ne le saura jamais !

Qu'Émile Louis ne soit pas coupable de toutes les affaires de meurtres et de disparitions de l'Yonne, cela ne fait aucun doute. Que d'autres criminels inconnus aient pu sévir dans l'Yonne entre 1970 et 1990 est une évidence. Le plus inquiétant est un chiffre : zéro. Soit le taux d'élucidation de ces affaires par le parquet d'Auxerre. Le procès de l'indifférence coupable et des négligences suspectes dans ce département reste à faire.

– IV –

LES RATÉS DE LA JUSTICE

Pierre Monnoir peut être ravi. Lors de notre rencontre, il y a neuf ans, celui qui a été à l'origine de cette énorme affaire criminelle était traité comme un pestiféré par les « notables » de l'Apajh. Aujourd'hui, l'association qui s'occupait des handicapés, est en liquidation judiciaire. Que s'est-il passé ? Depuis la mise en examen d'Émile Louis, différentes enquêtes internes ont été conduites par les institutions afin de mettre en évidence les dysfonctionnements qui ont permis à Émile Louis d'échapper si longtemps à la justice. C'est d'abord l'État qui, par la voix du ministère de l'Emploi et de la Solidarité, en août 2001, retira la gestion des huit établissements pour handicapés à l'Apajh. Puis l'Inspection générale des affaires sanitaires et sociales (Igass) enquêta. En résumé, aucune enquête ne conclut clairement à une responsabilité franche des responsables de l'Apajh comme de la Ddass. Les dossiers des disparues furent communiqués en leur temps à la gendarmerie, et le relatif laxisme dans le suivi des anciennes pensionnaires, s'il fut lâche, n'a pas été jugé plus grave. Cependant, quelques personnalités ont été sanctionnées, comme Georges Decuyper. L'ancien président de l'Apajh a tout simplement été radié par sa fédération de tutelle, qui le qualifie « d'incontrôlable », au motif que l'homme a montré « peu d'ardeur » à prévenir et aider la justice alors qu'il existait à l'évidence une « corrélation entre ces prétendues fugues ». Depuis, Georges Decuyper se bat pour sa réintégration.

Mais c'est dans les rangs de la justice que le séisme s'est fait le plus sentir. Que s'est-il réellement passé au sein du tribunal d'Auxerre pour qu'une affaire aussi énorme que celle des disparues de l'Yonne échappe aux poursuites ? Il y eut tout d'abord la personnalité du procureur René Meyer, modèle de droiture et d'inflexibilité, qui intimida Christian Jambert au point que celui-ci préféra tenter sa chance auprès des substituts plutôt que du procureur afin de voir instruit son dossier des disparues. Le problème dépasse cependant largement une affaire de personnes. En effet, on a largement entendu évoquer, dans cette affaire, des rumeurs de corruption. Certains ont cherché à mettre en évidence des complicités qui auraient évité à Émile Louis d'être poursuivi. Comment expliquer autrement que les révélations du gendarme Jambert n'aient pas eu de suite ? L'argument est logique. La réponse judiciaire, exprimée lors du procès d'assises en novembre 2004, est surprenante mais logique. Désireux d'éviter René Meyer et sa rigueur, Christian Jambert avait décidé de passer par ses substituts, et s'était adressé tout naturellement à Daniel Stilinovic pour lui présenter, en juin 1984, les conclusions de son enquête préliminaire sur le dossier des disparues. Si le substitut est acquis à la cause du gendarme, c'est qu'il y a entre eux une sorte d'« entente cordiale » dont les raisons n'ont pas à être commentées aussi longtemps après. Le but de Christian Jambert est d'atteindre au plus vite le juge d'instruction Jacques Bourguignon, celui qui a la charge de l'enquête sur l'assassinat de Sylviane Lesage-Durand et de l'instruction sur les disparitions suspectes. Car Jambert est persuadé – il nous l'a dit maintes fois – qu'une procédure est ouverte spécifiquement sur le dossier des disparues. Ce n'est pas le cas. Jambert ne le sait pas et pense qu'il y a urgence à instruire d'une manière ou d'une autre. En effet, Émile Louis, en ce début d'année 1984, vient d'être élargi de la prison d'Auxerre et il est nécessaire pour le gendarme de conserver près de lui son témoin. Suite à la rencontre avec le gendarme Jambert, le substitut Daniel Stilinovic envoie le rapport d'enquête préliminaire effectué par l'enquêteur au juge d'instruction annoté à la main de la remarque suivante : « M. Bourguignon. Adjoindre à l'info en cours sur l'homicide V : Sylviane

Lesage-Durand. Me faire connaître s'il vous faut un supplétif. » Cette remarque, signée par le magistrat, est datée du 26 juin 1984, dernier jour d'activité avant sa mutation pour un poste dans l'est de la France.

Le document revient au parquet avec la mention « non », signifiant par conséquent qu'il y a refus d'instruire. Qui a écrit ce « non » ? Et pourquoi ? Lorsque Daniel Stilinovic transmet le rapport d'enquête préliminaire au juge d'instruction, il pense que ce rapport sera englobé dans la procédure concernant le meurtre de Sylviane Lesage-Durand. Le substitut ne sait pas que le dossier est classé depuis deux mois, précisément depuis le 4 mai 1984. Implacable logique administrative : le document ne peut être considéré comme une demande de supplément d'information à une affaire classée. Le « rapport Jambert » est enterré.

Cet incroyable raté fit l'objet d'une minutieuse enquête de la chancellerie. L'Inspection générale des services judiciaires (IGSJ) fut saisie par Marylise Lebranchu afin d'éclaircir l'affaire. Les trois magistrats, René Meyer, Daniel Stilinovic et Jacques Bourguignon, furent mis hors de cause. En effet, même si le rapport de l'IGSJ constate que « la procédure établie *[par le gendarme Jambert]* en 1984 a connu un sort qui ne lui était pas destiné », un tel échec « s'explique par certaines carences, même si le cadre juridique existant, joint à un scepticisme qui pouvait s'expliquer, ont influencé les magistrats concernés ». En clair, Jambert n'était pas forcément très estimé à cette époque, et l'absence de cadavres dans son enquête pouvait faire craindre un fiasco judiciaire.

Le plus grave est que le « rapport Jambert » ne soit pas retourné au parquet. En effet, puisqu'il était impossible de le joindre à la procédure concernant Sylviane Lesage-Durand, il aurait fallu que le rapport d'enquête préliminaire du gendarme soit orienté vers le procureur René Meyer qui aurait dû décider de son sort. Au lieu de cela, il a été classé sans suite. Par qui ? René Meyer comme Jacques Bourguignon nient l'avoir fait. Les expertises graphologiques n'ont pas permis de savoir qui avait écrit la mention manuscrite « non » sur le rapport. Dans le doute, on peut par exemple imaginer qu'il s'agit de l'œuvre d'un greffier zélé.

L'opprobre jeté sur le tribunal d'Auxerre ne s'arrête pas seulement à cet incroyable raté. Lorsque l'affaire rebondit en 1996, suite à nos investigations, c'est en toute logique que l'avocat Pierre Gonzalez de Gaspard adresse au parquet d'Auxerre, en la personne de son procureur en poste, Jacques Cazals, une plainte en constitution de partie civile. Malgré la pression médiatique – ou au contraire à cause de cette pression – le procureur refuse d'instruire. La nouvelle est reçue comme une ultime insulte par les proches du dossier qui soupçonnent une manipulation. Jacques Cazals a eu maintes fois l'occasion d'expliquer ultérieurement que sa décision était motivée par une stricte application du droit, rappelant le délai de prescription, et considérant que le soit-transmis de 1993, rédigé après le rendez-vous de Pierre Monnoir avec un substitut, n'était pas un acte interruptif du délai de prescription. Il s'agit là encore de droit appliqué. Il a été désavoué en appel quelques mois plus tard par la cour de Paris qui, elle, a ordonné l'ouverture d'une information judiciaire. La seule erreur de Jacques Cazals porte, en fin de compte, sur le traitement de « l'affaire Jambert ». L'ancien gendarme s'est-il suicidé ou a-t-il été assassiné ?

– V –

LA HUITIÈME VICTIME

Début août 1997, un coup de fil de Pierre Monnoir nous apprend que Christian Jambert s'est suicidé. Il parle d'une arme à feu, d'une balle dans la tête, il est ému. Nous le sommes aussi.

Nous sommes également surpris car la nouvelle tournure médiatique de l'affaire, son affaire, celle d'Émile Louis et des disparues de l'Yonne, lui avait donné un vrai coup de fouet. Petit à petit, ses souvenirs étaient revenus, il s'était même montré en public, correctement habillé, et avait répondu à des interviews pour la presse écrite un mois auparavant. Stéphane l'avait vu pour la dernière fois au mois de juin de cette même année 1997, sur les marches du palais de justice d'Auxerre, quand avait été décidée, enfin, l'ouverture d'une information. Christian savait qu'il avait un rôle à jouer dans ce nouveau round judiciaire. Le juge d'instruction avait fait savoir qu'il entendrait le gendarme.

Ce jour-là, Christian était en forme. Il n'avait pas fait allusion à ses « problèmes ».

Après l'interview qu'il avait accordée à Stéphane l'année précédente – la seule filmée et que l'on continue à revoir puisqu'elle est diffusée dans chaque émission qui traite des disparues – nous étions restés en contact. Des appels téléphoniques, de loin en loin, qui tournaient autour des « faits troublants » dont il était victime. Cela avait commencé en octobre 1996, après la diffusion de son témoignage dans l'émission « Perdu de vue ». Christian parlait d'un accident de voiture évité de justesse, un problème de freins qui avaient lâché alors que son automobile sortait de chez le garagiste. Puis il y avait eu cette visite « étrange » d'un colporteur, qui avait sonné à sa porte et lui avait demandé s'il avait des meubles à vendre. Le personnage avait paru louche à Christian Jambert, qui le regarda partir dans sa camionnette et nota sa plaque d'immatriculation belge. Christian voulait que nous tentions de nous renseigner pour savoir si « quelqu'un lui en voulait ». Lui n'avait aucune idée, et ne liait même pas ces péripéties à l'affaire des disparues.

Nous étions quelque peu inquiets pour lui et espérions que ses « problèmes » n'avaient pas de lien avec la diffusion de son témoignage dans notre émission. Nous avions passé un certain nombre de coups de fil à différents protagonistes de l'affaire. Les échos étaient plutôt rassurants mais nous renvoyaient aux conséquences de sa première tentative de suicide. Depuis qu'il prenait des antidépresseurs afin de s'empêcher de commettre l'irréparable, Christian Jambert cultivait une sorte de « délire paranoïaque ». Des enquêteurs confirmés avaient tenté de rassurer Christian, puis, de guerre lasse, ils s'étaient contentés de l'écouter poliment au téléphone. Journalistes, gendarmes, amis, nous étions un cercle improbable de confidents, incapables de faire la part entre sa paranoïa éventuelle et la réalité des événements dont il parlait.

Malgré ces souvenirs, nous ne doutions pas un seul instant du suicide de Christian Jambert.

Il avait été retrouvé en pyjama, étendu sur le sol de son garage, une carabine 22 LR à ses côtés. Son corps avait été découvert par son fils ainsi qu'un mot d'adieu, écrit à l'encre rouge et destiné à sa fille Isabelle : « Pour les assurances vie, il y a suicide mais je suis malade donc ça doit être bon. Pardon, Isabelle chérie. Papa. » Rien de lyrique, ni de désespéré.

Jacques Pradel et Stéphane Munka : les faits

Pour la première fois de sa vie, Christian n'a pas fermé à clef sa maison. Philippe s'y engouffre, ne trouve pas son père. Celui-ci est retrouvé couché sur le sol de son garage. Philippe appelle les secours. Sur le procès-verbal, le gendarme qui constate le décès note : « L'acte d'autodestruction ne fait aucun doute.

L'intéressé s'est donné la mort par arme à feu. Un écrit de sa main mentionnant son intention est découvert sur place. » Tout est dit. Un médecin urgentiste, affilié à SOS-Médecins est appelé. Il constate une blessure au niveau de la lèvre supérieure. Le corps est transporté à l'hôpital d'Auxerre, une tige de fer est enfoncée dans le crâne pour vérifier le parcours de la balle, qui coïncide avec les trajectoires habituelles pour un suicide. Jacques Cazals, le procureur, informe le parquet de Paris de sa volonté de classer l'affaire et de prononcer le suicide. Aucune objection n'est soulevée par la justice, ni par la famille. La dépouille de Christian Jambert est lavée, puis rendue à ses enfants. Christian est enterré quelques jours plus tard.

Comment ce suicide « indiscutable » à l'époque deviendra-t-il sept années plus tard un possible meurtre, hypothèse relayée en privé par Dominique Perben, garde des Sceaux, premier magistrat de France ? L'histoire n'est pas banale. Les circonstances de la mort de l'ancien gendarme font toujours aujourd'hui l'objet d'une information judiciaire, alors que continuent à se répandre les rumeurs les plus folles.

Tout a commencé avec l'intervention de Pierre Gonzalez de Gaspard, dès août 1997. Le suicide du gendarme porte un coup très rude à l'instruction judiciaire qui vient à peine de démarrer. La mort du principal témoin, après Émile Louis, prive les enquêteurs d'une déposition essentielle ! Pourtant, selon l'avocat, la disparition du gendarme peut devenir un levier nouveau pour faire évoluer l'enquête. À condition qu'il s'agisse d'un meurtre ! L'avocat inverse ainsi le problème et s'interroge : quel sens faut-il donner à ce geste désespéré ? Est-ce vraiment un suicide ? Ne cache-t-on pas un meurtre ? Cette thèse, hardie, choque les sensibilités des proches de Christian, amis comme famille.

Dès le 7 août 1997, trois jours après le drame, Pierre Gonzalez de Gaspard donne une interview au *Progrès*. Le chapeau de l'article donne le ton : « Le commandant de gendarmerie *[sic]* qui a enquêté sur la mort de huit jeunes filles entre 1977 et 1981 autour d'Auxerre s'est donné la mort dans des circonstances étranges. » Dans cet article, on apprendra tout au plus que Pierre Gonzalez de Gaspard avait demandé au juge d'instruction, lors d'une entrevue le 21 juillet précédent, d'entendre le gendarme[1]. Le reste de l'article évoque d'obscurs « dossiers secrets » de la Ddass, une « Bourgogne où les notables ont leur poids » et conclut paradoxalement sur l'implication d'Émile Louis dans l'assassinat du petit Joris Viville, pourtant largement attribué au tueur en série Francis Heaulme.

1. Contrairement à ce qui a été parfois écrit, le juge d'instruction Benoît Lewandowski n'avait arrêté aucune date précise pour l'audition de Christian Jambert. Tout simplement parce que après l'entretien entre le juge et l'avocat, il y eut les vacances judiciaires.

Le soupçon de l'assassinat est en marche. Et pour longtemps !

Philippe Jambert, le fils du gendarme, malgré son deuil, prête une oreille attentive aux arguments de l'avocat. Vers la fin de l'année 1997, au cours d'un entretien que Philippe accorde à Stéphane, il fait état d'un premier fait étrange : Christian Jambert, dit-il, avait toujours conservé une sacoche dans laquelle se trouvait tous les secrets de l'affaire Émile Louis. Cette sacoche, de couleur jaune, il l'avait confiée à son fils en février 1997 en lui demandant de la « mettre en lieu sûr » avant de lui demander de la lui restituer, le 15 ou 16 juillet, soit quelques jours avant de se suicider. Lorsque Philippe et sa sœur ont déménagé le pavillon, ils n'ont pas retrouvé cette sacoche. Stéphane n'avait jamais vu l'objet mais Christian y avait fait plusieurs fois allusion devant lui, lorsqu'il lui fallait par exemple consulter tel ou tel détail de son dossier. Frédéric Vézard, l'autre journaliste le plus en pointe sur cette affaire, qui avait lui aussi rencontré Jambert à plusieurs reprises, avait également vu cette sacoche. Selon lui, elle ne contenait que quelques pièces de procédure déjà connues du magistrat. Philippe Jambert, qui avait ouvert cette chemise lorsqu'elle était en sa possession, avoue n'y avoir jeté qu'un bref coup d'œil. Il s'agissait effectivement de documents sur l'affaire Émile Louis, mais la lecture ardue des procès-verbaux ne l'intéressait guère. Il ne se souvient de rien. Même si personne ne connaît la valeur des documents que contenait cette sacoche, sa disparition a tout lieu d'intriguer.

Sous l'impulsion de Me Pierre Gonzalez de Gaspard, on recommence à « gamberger ». Qui pouvait bien en vouloir au gendarme Jambert ? Émile Louis pourrait-il être mêlé à cela ? Seule Isabelle Jambert ne croit pas à cette abracadabrante disparition de sacoche. Lors d'une conversation téléphonique avec Stéphane, elle s'est dit persuadée que son père s'était suicidé et qu'il n'y avait pas à revenir là-dessus. Quant à la sacoche, Christian avait pu la jeter. Isabelle a beaucoup soutenu Christian durant ses dernières années de détresse. Fille attentionnée, elle apportait les courses, s'occupait de l'intendance, rangeait la maison et faisait le ménage. Rien du caractère suicidaire de son père ne lui avait échappé. D'ailleurs, c'est à elle que Christian écrit son dernier mot. Ses arguments en faveur de la thèse du suicide de son père emportent notre conviction. D'ailleurs que pouvons-nous alors faire d'autre que d'échafauder des hypothèses sans aucun moyen de les vérifier ?

Pour Pierre Gonzalez de Gaspard, en revanche, la disparition de la sacoche est un détail trop grave pour ne pas donner lieu à l'ouverture d'une information judiciaire. Il lui faudrait des plaignants, mais les enfants Jambert, tout à leur travail de deuil, ne souhaitent pas donner suite à ses propositions. Pendant ce temps, la rumeur enfle et s'installe dans les colonnes des journaux. En octobre 2002, l'ouverture officielle d'une instruction est décidée. Elle porte sur la recherche des causes du décès de Christian Jambert. Désormais, « l'affaire Jambert » va se développer parallèlement à « l'affaire Émile Louis ».

Nous ne connaîtrons sans doute jamais le vrai destin de cette sacoche jaune. A-t-elle été jetée dans l'Yonne ou cachée par Christian avant son suicide ? A-t-elle été volée par un éventuel meurtrier ou simplement perdue par mégarde lors du déménagement des meubles ? Chacun choisira sa réponse selon ses convictions ! Le fait est que rigoureusement personne n'en sait rien. Après le raz de marée médiatique suscité à la fin de l'année 2000 par l'arrestation et les aveux d'Émile Louis, ordre a été donné par la chancellerie d'enquêter tous azimuts sur le moindre « fait troublant » se rapportant à cette affaire. Et le suicide de Jambert en 1997 est considéré comme un fait troublant. C'est alors que le colonel Coïdan, inspecteur technique adjoint de la gendarmerie nationale, est chargé d'enquêter sur cette rumeur de sacoche. Dans son rapport, il confirme l'existence « d'archives de l'adjudant-chef Jambert », une véritable « collection privée de documents ». Il a entendu Jacques Moreau, qui a détaillé la sacoche et son contenu : « Un sous-dossier par personne disparue, avec photographies, circonstances, copie des procédures et notes ». Hormis les notes, le reste est aujourd'hui connu de tous. Le rapport de Coïdan, transmis à la chancellerie, sera rendu public en mars 2002.

D'autres faits étranges viennent ensuite s'ajouter à l'épisode de la sacoche. Isabelle Jambert en a relevé plusieurs en lisant attentivement les procès-verbaux recueillis lors de la constatation du décès de son père. D'abord, ni la douille ni la balle n'ont été retrouvées. Ensuite, la porte du pavillon n'était pas fermée à clef, contrairement à l'habitude du gendarme de la verrouiller chaque soir. Enfin, d'après les photographies de l'identité judiciaire, la position alignée du corps de Christian intrigue car, selon l'avocat d'Isabelle Jambert, le choc du tir et la chute du corps auraient dû présenter un cadavre dans une position désarticulée.

Une enquête est donc ouverte par la justice, à la demande de l'avocat Didier Seban, le 22 octobre 2002, auprès du parquet d'Auxerre. C'est l'adjudant Ambert, de la Section de recherche de Paris, qui mène les investigations. Stéphane le rencontre en novembre 2003. Il s'agit d'une convocation en bonne et due forme, à la demande des parties civiles. Il livre donc ses souvenirs, actés sur procès-verbal. Les appels téléphoniques de Christian, les notes personnelles, leur dernière rencontre, leurs relations professionnelles. Stéphane fait part de son ignorance à peu près totale quant à l'existence réelle ou supposée de la fameuse sacoche, comme des circonstances du suicide. La seule chose qui le surprend, c'est que Christian ait pu détenir une carabine malgré son état dépressif. Mais ce point ne paraît choquer personne. Il tente d'en apprendre un peu plus sur cette enquête mais Ambert restera de marbre.

Par la suite, l'enquête s'enlise. La partie civile demande une autopsie en janvier 2004, et obtient l'exhumation du corps de Christian. Cette autopsie sera réalisée par l'Institut médico-légal de Paris, le 31 mars 2004. Ses résultats seront rendus publics le lendemain. C'est un véritable coup de théâtre. L'ancien gendarme a de nouveau les honneurs des gros titres de la presse. Qui aurait pu s'attendre à trouver deux trajectoires de balles dans le crâne de quelqu'un qui s'est suicidé ?

Une sacoche disparue, un suicide « hâtivement » déclaré, puis la découverte de deux balles dans la tête de la victime, voilà des éléments qui permettent d'envisager sérieusement un crime ! Les mises en garde du parquet d'Auxerre et le relatif retard pris pour ajouter la mention « assassinat » à l'information judiciaire en cours n'en paraissent que plus troublants encore ! Si d'aventure l'enquête devait conclure, dans les mois qui viennent, à un suicide, certains accuseront la justice d'avoir « voulu cacher les causes réelles de *[la]* mort *[de Christian Jambert]* », comme l'a déjà indiqué l'avocat des parties civiles.

Faut-il croire cependant, de manière certaine, à l'assassinat de Christian Jambert ? Nous préférons pour notre part attendre que la justice, toujours plus compétente que n'importe quel commentateur, se prononce, même si cela prend du temps. En effet,. les éléments dont nous disposons ne sont pas de nature à entraîner notre certitude absolue, surtout quand on apprend, de la bouche de spécialistes de la question, qu'un « suicide à deux balles » ne les fait pas immédiatement pencher pour une hypothèse de meurtre. Cette affirmation mérite des explications détaillées.

Jacques Pradel et Stéphane Munka : expertises et contre-expertises...

Revenons sur le résultat de la première autopsie, réalisée à l'Institut médico-légal de Paris par l'éminent professeur Dominique Lecomte : selon ses conclusions, la mort de Christian Jambert est consécutive aux tirs de deux balles de 22 LR tirées à bout touchant et ayant emprunté deux trajets différents, l'une entrée par la bouche, l'autre par la tempe. Ces deux balles sont létales, c'est-à-dire mortelles du premier coup, et il est impossible de déterminer laquelle des deux a été tirée en premier.

Sans remettre en cause le travail de Dominique Lecomte, on peut regretter que les juges d'instruction ne se soient pas tournés vers l'Institut médico-légal de Strasbourg pour procéder à cette autopsie. Cet institut peut être considéré, en effet, comme le « spécialiste », en France, du suicide par balle de 22 LR. Les travaux faits par les experts depuis de nombreuses années et sur plusieurs centaines de cas, sont éloquents. D'une manière générale, les deux « entrées » de balle (bouche et tempe) correspondent aux points d'impact généralement constatés dans les cas de suicide. Les mêmes spécialistes considèrent qu'un cas de suicide avec deux balles est tout à fait possible. Ce serait même une situation fréquente connue dans tous les services d'urgence de France, comme le rappelle *France-Soir* du 3 avril 2004 où, sous la plume du journaliste Jean-Pierre Vergès, Didier Gosset, responsable de l'Institut médico-légal de Lille, avoue avoir eu affaire à « des dizaines de cas » de suicidés par plusieurs balles de 22 LR. Bernard Lucas, un expert en balistique, va plus loin, et explique au journaliste « avoir vu une affaire récente où la balle a traversé la bouche, le palais et la base du cerveau de quelqu'un qui s'en est sorti indemne ».

La balle de 22 LR est la plus courante en France, et aussi la plus surprenante. Balle de petit calibre, elle n'a que « cinquante pour cent de chance » de tuer lorsqu'elle est dirigée sur le crâne, selon les confidences d'un médecin légiste de l'Institut médico-légal de Strasbourg. Pourcentage officieux basée sur sa pratique plutôt que sur les études statistiques. Contrairement aux impacts causés par des calibres plus conséquents, comme le 357 ou le 44, très usités outre-Atlantique et dont les ravages font la joie des films d'action hollywoodiens, l'impact d'un 22 LR est l'équivalent d'un petit choc. Le suicide est réussi si la balle touche une fonction vitale du cerveau, raté dans le cas contraire. « Tous les services d'urgence rencontrent chaque année le cas de personnes se présentant avec une balle dans la tête », indique Olivier Jardé, professeur de médecine légale à Amiens et député, auteur d'un rapport sur la pratique de la médecine médico-légale en France. Celui-ci se remémore le cas d'une femme qui, après avoir raté son suicide par balle de 22 LR, a fini quelques minutes plus tard par s'électrocuter dans son bain. Si étonnant que cela puisse paraître, en France, selon une étude publiée en 2002 dans la revue de la Société de médecine légale et de criminologie – réalisée durant une année par l'équipe de l'Institut médico-légal de Strasbourg (IMLS) sur deux cent soixante-six décès par arme à feu –, il faut 1,06 balle pour se suicider. Six suicidés sur cent ont besoin de deux balles pour se « réussir ». Encore faut-il pondérer ce chiffre par le nombre de personnes qui, après s'être tiré une première balle dans la tête et néanmoins toujours conscient, renoncent à se suicider. Cela peut paraître étrange et pourtant, a contrario, il existe aussi des suicides par arme à feu *sans que le projectile ait pénétré la boite crânienne.* Cas à peine plus rare que le suicide à deux balles, il a pourtant fait l'objet de plusieurs observations, tant en France, rapporté par Michel Penneau de l'IML d'Angers, qu'aux États-Unis. Comment cela est-il possible ? L'explication est technique, elle mérite d'être donnée ici. Il arrive que lors du tir, la balle de 22 LR ricoche sur l'os du crâne et se perde dans la nature ; dans ce cas, le choc du tir a tué mais on ne retrouve pas de balle dans le crâne !

Les experts évoquent également les tirs en rafale. Il arrive que certains cas de suicide par plusieurs balles relèvent d'un « rafalage » inopiné de l'arme utilisée. Christian Jambert a utilisé une carabine de marque Gewarm, précisément connue pour avoir ce défaut. Le doigt, appuyé une fraction de seconde de trop sur la détente, provoque le tir de l'ensemble des balles du chargeur. Cependant, si l'arme avait été ainsi vidée, nul doute que trois, quatre voire six impacts de balle auraient été retrouvés. D'autre part, dans ce cas, les impacts constatés sur le corps de Christian auraient été situés côte à côte, ce qui ne fut pas le cas.

Puisqu'il faut exclure un tir en rafale, on pourrait penser que Christian Jambert se serait raté une première fois, puis qu'il aurait trouvé la force de tirer à nouveau pour se donner la mort. Dominique Lecomte conteste cette hypothèse. Pour elle, la radiographie du crâne de Christian montre que les deux trajets de balles sont mortels. Alors, suicide ou meurtre ? Difficile de trancher face à ces avis contradictoires d'experts. Précisons qu'un mois après l'expertise de Dominique Lecomte, un nouveau coup de théâtre intervient dans l'affaire.

Il s'agit de la publication de la contre-expertise réalisée à Lyon cette fois, par le professeur Daniel Malicier. Il conclut, pour sa part, à l'impossibilité d'affirmer qu'il y a bien eu deux coups mortels. Cet autre éminent professeur en médecine légale penche, lui, pour un rebond à l'intérieur de la boîte crânienne. La mort n'aurait donc pas été subite. Ce nouvel expert s'inspire, pour étayer son raisonnement, des travaux de son confrère lyonnais Jean Rochefort, balisticien émérite et auteur d'un article décrivant la difficulté de déterminer précisément les trajets de projectiles durant l'autopsie lorsque les corps sont putréfiés. La querelle d'experts pointe son nez et divise aussitôt la presse. Il reste maintenant à attendre la réunion du collège d'experts qui devront trancher entre les deux professeurs, ou à trouver, pourquoi pas, une troisième explication ! Les spécialistes n'ont vraiment pas la tâche facile pour dégager une position claire, car les scellés du décès de Christian ont été détruits en 1999. Il ne reste rien de la carabine, et de nombreux procès-verbaux de constatation ont été égarés ! La procédure actuellement en cours est parfaitement normale mais elle éveille la suspicion des adeptes de la théorie du complot. « Et si la justice et la gendarmerie avaient voulu maquiller le meurtre du gendarme Jambert en suicide ? » pensent-ils. À l'appui de leur thèse, ils font remarquer que Jambert avait parlé de projets d'avenir à ses enfants. Isabelle et Philippe Jambert ont eux-mêmes confirmé que l'ancien gendarme voulait devenir détective privé ou négociant en vins.

La question du suicide ou du meurtre de Christian Jambert reste donc ouverte. La police scientifique ne peut apporter, en la matière, qu'un éclairage parmi d'autres. C'est l'enquête qui doit réunir patiemment tous les éléments recueillis par toutes les investigations possibles : expertises, témoignages, vérifications géographiques, reconstitutions, aveux éventuels... Il arrive qu'il y ait contradiction entre les conclusions de la police scientifique (qui sont souvent surévalués) et les éléments de l'enquête classique.

À titre d'exemple, citons ce jugement de la cour d'assises de Seine-Saint-Denis qui, en juin 2004, a prononcé la relaxe de Nordine M., ancien braqueur notoire soupçonné d'être l'auteur d'un casse de banque qui s'est déroulé à Villepinte en 1996. La police scientifique avait découvert près des lieux du délit un mégot de cigarette contenant son ADN, mais la cour a estimé que d'autres éléments prouvaient que l'homme ne pouvait matériellement être présent au moment du braquage. L'histoire de ce mégot de cigarette restera un mystère. Un « fait troublant » selon l'expression consacrée.

Pour mémoire, et en attendant que la lumière soit faite sur la mort de Christian Jambert, il y aura toujours des militants de l'hypothèse du crime. Selon eux, un mystérieux assassin s'introduit chez l'ancien gendarme sans effraction. Il est muni d'une carabine identique à celle que détient Christian Jambert, il réussit, sous la menace, à l'entraîner dans son garage, le tue d'une première balle, puis décide d'en tirer une autre sous un autre angle ! Il s'enfuit ensuite après avoir subtilisé la fameuse sacoche qui contiendrait d'éventuelles révélations.... Le mobile ? Faire taire le gendarme ? Protéger une personnalité que celui-ci aurait pu mettre en cause lors de son audition ? Disons-le clairement, au risque d'être démentis plus tard, nous ne croyons pas à ces hypothèses de roman noir. Ni à l'implication de notables, ni à un éventuel réseau dont Emile Louis aurait été le rabatteur !

On ne peut que regretter une chose : toutes ces rumeurs s'alimentent, une fois de plus, à cause d'une erreur d'appréciation déplorable, celle de Jacques Cazals, magistrat en poste à Auxerre de 1992 à 2000. C'est lui qui classa sans suite le décès de l'ancien gendarme sans demander d'autopsie. Certes, il s'est expliqué sur cette décision dans les colonnes du *Parisien*, soulignant qu'il avait « prévenu le parquet de Paris, qui n'a fait aucune objection au classement sans suite ». La personnalité du gendarme, le côté « sensible » de l'affaire Émile Louis ne l'ont pas incité, par simple précaution, à faire rechercher les causes de la mort. On peut s'en étonner aujourd'hui. En 1996, ce magistrat avait considéré que l'enquête de « Perdu de vue » n'était qu'un ramassis de rumeurs infondées. La suite de l'affaire lui donne tort sur ce point. C'est encore lui qui, se conformant à la décision du doyen des juges d'instruction d'Auxerre, rejeta la plainte en constitution de partie civile au sujet des disparues, déposée par Pierre Gonzalez de Gaspard. La cour d'appel de Paris en a jugé autrement et a pris une position inverse.

Il n'est pas question de mettre en cause les décisions de ce magistrat puisque la lettre de la loi a toujours été scrupuleusement respectée par lui. Mais on peut déplorer que l'affaire des disparues et maintenant l'affaire Jambert n'aient pas bénéficiées d'un peu plus de clairvoyance de la part de ceux qui sont chargés d'administrer une justice équitable. Ils perdent ainsi parfois la confiance que l'opinion publique devrait leur manifester.

Dommage aussi pour Christian Jambert qui avait la religion du fait, de la preuve. Un homme qui savait travailler contre toutes les rumeurs, les croyances, les obédiences pour apporter à la justice des faits indiscutables. Pourtant, sa mémoire fait aujourd'hui l'objet de tout ce qu'il avait jadis exécré et combattu : l'approximation, le sophisme et l'ignorance. Nous tenions à lui rendre cet ultime hommage.

– Épilogue –

« AVEZ-VOUS TUÉ OU NON CES JEUNES FILLES ? »

Il a fallu vingt-cinq ans, une génération, comme le faisait remarquer au cours du procès Me Pierre Gonzalez de Gaspard, pour qu'un président de cour d'assises puisse enfin poser cette question à Émile Louis.

Le 12 décembre 2000, peu après 21 heures, Émile Louis a avoué aux gendarmes, pendant sa garde à vue, qu'il avait bien tué les sept disparues de l'Yonne. Il a expliqué d'abord longuement aux enquêteurs qu'il avait amené Françoise Lemoine, dont il était l'amant, sur les bords de la rivière Serein, qu'ils avaient fait l'amour et qu'il s'était réveillé dans un état second, constatant alors qu'elle était décédée. Puis il a avoué les six autres assassinats, en donnant notamment des détails sur les lieux des rencontres, sans préciser cependant à aucun moment comment il avait tué les jeunes femmes.

Le 13 décembre au matin, après quelques heures de repos, Émile Louis s'est expliqué davantage : il a parlé de cette « bestiole » qui l'habitait, de cette « force » qui l'obligeait parfois à tuer.

Amené le lendemain 14 décembre à Rouvray, son lieu de pêche habituel sur les bords du Serein, il a désigné sept sites, difficiles d'accès et distants les uns des autres. Les fouilles effectuées quelques semaines plus tard sur ses indications allaient permettre d'exhumer, sur les sites 1 et 5, les restes de Madeleine Dejust et de Jacqueline Weis, sur le site 2, des vêtements. Les cinq autres corps n'ont jamais été retrouvés.

En 2003, lors d'un autre transport de justice sur ces mêmes lieux, en présence de la juge d'instruction Claudine Philippe, Émile Louis désignait à nouveau *spontanément*, sans aucune hésitation, les mêmes sites, pourtant éloignés les uns des autres.

Lorsqu'il revient sur ses aveux, quelque temps plus tard, et bien sûr au procès, Émile Louis dit qu'il avait désigné ces emplacements au hasard, au « petit bonheur la chance » et, en particulier pour deux d'entre eux, les sites 1 et 5, parce qu'il se souvenait y avoir vu pour le premier, deux hommes enterrer « quelque chose » et, pour le second, « de la terre remuée », lors d'une partie de pêche en janvier 1981 avec un ami. Cet ami, convoqué par les gendarmes, est mort de froid devant son domicile la nuit précédant son audition.

Ce point capital, cette date à laquelle Émile Louis dit avoir vu les deux hommes, a certainement pesé très lourd lorsque les jurés d'assises ont eu à se prononcer sur sa culpabilité, en novembre dernier. En effet, un expert médico-légal, Jean-Noël Vignal, chef du département anthropologie, thanatologie et odontologie de l'Institut de recherche criminelle de la gendarmerie nationale, a expliqué la méthode utilisée pour dater le décès de Madeleine Dejust et de Jacqueline Weis, dont les corps ont été retrouvés fin 2000 et début 2001 sur les indications d'Émile Louis. L'expertise n'a pas permis de fournir une fourchette significative pour le décès de Madeleine Dejust, mais elle date de manière certaine celui de Jacqueline Weis (disparue en avril 1977) entre 1977 et 1978, soit trois ans au moins *avant* la scène qu'Émile Louis a relatée bien tardivement.

Autre fait troublant : interrogé par le gendarme Christian Jambert en décembre 1981, dans le cadre de l'affaire Sylviane Lesage-Durand, dont le corps avait été découvert à trois cents mètres du site où a ensuite été retrouvé celui de Jacqueline Weis, Émile Louis avait affirmé n'avoir jamais rien remarqué d'anormal dans les environs.

Décidément, comme s'interrogeait avec ironie l'avocat général Philippe Bilger, au cours du procès : « Comment le hasard fait-il si mal les choses pour Émile Louis ? »

Une vérité judiciaire a donc débouché sur cette condamnation à perpétuité, assortie d'une période de sûreté incompressible de dix-huit ans, malgré les dénégations de l'accusé. Pour ses défenseurs, il était « juridiquement innocent » et les faits reprochés auraient dû être prescrits. La justice en a décidé autrement. Émile Louis a fait appel de cette décision et un nouveau procès devrait se dérouler, devant la cour d'assises de Paris, dans le courant de l'année 2006.

Que peut-il se passer d'ici là ? On peut imaginer une découverte fortuite de nouveaux restes humains appartenant aux cinq autres victimes, par un promeneur, un cueilleur de champignon, un pêcheur ou un chasseur, dans les environs de Rouvray. Le Serein a bougé depuis vingt-cinq ans, il est tout à fait possible que les restes des autres corps aient été emportés par le cours d'eau et ressurgissent un jour ou l'autre. La probabilité d'un événement de cette nature semble pourtant bien mince.

Il faudra vraisemblablement se contenter de ce verdict et de celui du second procès qu'on pourra comparer, comme l'avait fait l'avocat général Philippe Bilger, lors d'une audience, à une « fleur implacable, (un) hommage inflexible, et la mettre sur le tombeau visible ou invisible de ces femmes ».

Il reste aussi l'éventualité d'un sursaut de dignité d'Émile Louis, qui, du fond de sa prison, à l'âge où l'on fait le bilan de sa vie, pourrait enfin juger utile, voire nécessaire de dire ce qu'il a fait et comment il l'a fait. Il le dirait, selon les mots employés par le président du tribunal, « pour lui, pour les victimes, pour ses enfants, pour ceux qu'il aime encore ! ».

Ce dernier espoir est partagé par l'ensemble des familles des disparues qui s'y accrochent encore aujourd'hui. Est-il raisonnable d'y croire ?

*
**

Arrivés au terme de ce récit, nous nous devons de dire que les suites judiciaires, même tardives, qui sont intervenues après les émissions de TF1, ont représenté pour toute notre équipe de « Perdu de vue » un immense soulagement. Le seul fait d'avoir pu alerter l'opinion publique française sur la base de cette longue enquête, demeurera une satisfaction professionnelle et personnelle pour chacun d'entre nous. Pierre Monnoir a eu raison de faire appel à nous, nous avons eu raison, avec l'appui de la direction de TF1, d'Étienne Mougeotte et de Pascale Breugnot en particulier, de consacrer autant d'émissions à faire éclater la vérité.

Il nous reste cependant un regret. Nous savons depuis le début que le meurtre de Sylviane Lesage-Durand restera à jamais impuni. Pourtant, c'est avec la découverte de son corps, mutilé et attaché, que toute l'affaire des disparues de l'Yonne a véritablement commencé. C'est en enquêtant sur elle que le gendarme Jambert a fait le lien avec les autres disparitions et qu'il a acquis la certitude de l'implication d'Émile Louis, qui avait connu toutes les victimes. Personne ne rendra jamais justice à Sylviane Lesage-Durand puisqu'un non-lieu a été prononcé, innocentant à l'époque le chauffeur de car, faute de preuves matérielles.

Sylviane aura aussi été, comme l'ensemble des victimes de cette triste affaire, dont le gendarme Jambert, broyée par les dysfonctionnements regrettables et l'inertie des services sociaux, de la gendarmerie et de la justice qui disposaient, il y a vingt-cinq ans, de tous les éléments qui auraient permis d'élucider ces disparitions.

On ne peut que souscrire aux termes employés par l'avocat général, au début de son réquisitoire : « Nous avons été confrontés, disait-il, à l'imperfection banale des gens ordinaires. Il aurait fallu opposer davantage à cet inhumain dont on voit peu à peu apparaître le groin monstrueux. »

Jacques PRADEL
Stéphane MUNKA

– Remerciements –

Remerciements de Jacques Pradel

À Jeannette, Marije, Madeleine et Jennifer,
les membres de ma « cellule psychologique ».

Aux téléspectateurs de « Perdu de vue »,
sans lesquels rien n'aurait été possible.

Remerciements de Stéphane Munka

À Laurence, Victor et Sacha,
Pierre Monnoir,
Frédéric Vézard, Jean-Pierre Vergès, Frédéric Crotta,
Claude Ardid, et tous les journalistes qui ont permis
de sortir cette affaire de l'oubli.

Table des matières

Avertissement 7
Avant-propos : Intime conviction 9

PREMIÈRE PARTIE

VÉRITÉ JUDICIAIRE ET QUESTIONS EN SUSPENS

I. Le procès 17
II. L'affaire Jambert 27

DEUXIÈME PARTIE

L'ENQUÊTE DE « PERDU DE VUE »

I. Avant l'antenne : les premières recherches . 33
II. À l'antenne et alentour 133

TROISIÈME PARTIE

APRÈS « PERDU DE VUE »

I. L'arrestation 235
II. Le procès du Var 249
III. L'Yonne, triangle des Bermudes 259
IV. Les ratés de la justice 269
V. La huitième victime 275

Épilogue : « Avez-vous tué ou non ces jeunes filles ? » 293
Remerciements 299

Direction littéraire
Huguette Maure
assistée de
Maggy Noël

Composition PCA
44400 – Rezé

Impression réalisée sur CAMERON par

BRODARD & TAUPIN

GROUPE CPI

La Flèche

pour le compte des Éditions Michel Lafon
en février 2005

Imprimé en France
Dépôt légal : février 2005
N° d'impression : 28327
ISBN : 2-7499-0227-4
LAF : 631